千秋功罪

——金融风暴中的风云人物

红梅 主编

中国科学技术出版社

·北 京·

图书在版编目（CIP）数据

千秋功罪：金融风暴中的风云人物/红梅主编. –
北京：中国科学技术出版社，2010.7

ISBN 978 – 7 – 5046 – 5671 – 1

Ⅰ. ①千… Ⅱ. ①红… Ⅲ. ①经济–名人–生平事迹–世界 Ⅳ. ①K815.3

中国版本图书馆 CIP 数据核字（2010）第 134193 号

书 名	千秋功罪——金融风暴中的风云人物
主 编	红 梅
责任编辑	王明东
封面设计	中文天地
装帧设计	王震宇
责任校对	林 华
责任印制	王 沛
出 版	中国科学技术出版社
发 行	科学普及出版社发行部发行
地 址	北京市海淀区中关村南大街 16 号
邮政编码	100081
电 话	010 – 84125725 62173865
传 真	010 – 62173081
网 址	www. kjpbooks. com. cn
印 刷	北京玥实印刷有限公司
开 本	787 毫米 × 1092 毫米 1/16
印 张	10.5
字 数	200 千字
版 次	2010 年 8 月第 1 版
印 次	2010 年 8 月第 1 次印刷
印 数	1 – 4 000 册
定 价	30.00 元
标准书号	ISBN 978 – 7 – 5046 – 5671 – 1/K · 72

前　言

　　美国次贷危机引发的全球性金融危机对世界经济产生了不利影响，对金融体系和实体经济造成了重大的负面冲击。

　　面对金融危机，我们不妨以史为鉴。通过正确看待历史上影响巨大的多次金融危机事件，以及在历次金融风暴中风云人物的行为能够使我们对已经发生的事件及产生的影响有相对客观的比较和了解。

　　本书收录在历次金融危机中产生巨大影响力的风云人物，阐释他们在面对危机时的思想变化，应对政策和成败得失。

目　　录

目　录

第一章

1637 年郁金香狂热

16 世纪荷兰曾经爆发了"郁金香狂热",这是人类历史上第一次有记载的金融泡沫。当时由土耳其引进的郁金香球根异常地吸引人,引发抢购,导致价格疯狂飙高,一些珍品卖到了不同寻常的高价,而富人们也竞相在他们的花园中展示最新和最稀有的品种。到 17 世纪 30 年代初期,这一时尚导致了一场经典的投机狂热。人们购买郁金香已经不再是为了其内在的价值或作观赏之用,而是期望其价格能无限上涨并因此获利。

在泡沫化过后,郁金香价格仅剩下泡沫时的 1%,让荷兰各大都市陷入混乱。这个事件和英国的南海泡沫事件以及法国的密西西比公司事件并称为近代欧洲三大泡沫事件。

珍奇植物收集者休厄特

欧洲最早记载郁金香是从 1559 年开始的,当时珍奇植物收集者休厄特从君士坦丁堡一位朋友那里得到一包郁金香球茎寄存物,他把这些郁金香球茎种植在他自己的地处德国奥格斯堡市内的花园里。他的郁金香引起了许多人的注意。几年后,郁金香在上层社会变得越来越流行,尤其在德国和荷兰,这两个国

对郁金香狂热批判的
宣传手册(1637 年出版)

家,直接从君士坦丁堡以高昂价格订购郁金香球茎已成为一种时尚。到 1634 年,这个时尚变得越来越普遍,从那年开始,荷兰富人阶层认为没有收集郁金香就是没有品味。

郁金香的大受欢迎引起了投机分子的目光,他们对于栽培郁金香或是欣赏花的美丽并没有兴趣,只是为了哄抬价格取得利润。此时郁金香受欢迎的风气

17 世纪时描绘郁金香的水彩画

从莱顿传到阿姆斯特丹、哈勒姆等城市，需求量日渐扩大。

　　在《郁金香狂热》一书中有以下描写："1636 年，一棵价值 3 000 荷兰盾的郁金香，可以交换 8 只肥猪、4 头公牛、一个银制杯子、一包衣服、一张附有床垫的床外加一条船。"可见其价值。有人因此一掷千金，当时甚至还有过一个高级品种的球根交换了一座宅邸的纪录。

　　当时郁金香的高价还可以从计量单位看出，高级的品种用称重的方式，以一个叫做 aas（1aas ＝0.05克）的单位来计价。次级的品种则用个来计算，再次级的则用袋装的方式来贩售。

　　郁金香的交易以球根的现货来买卖，所以交易主要在冬天进行。但是在郁金香大受欢迎的时期，无论什么季节都有交易的需求。

郁金香之父库希乌斯

　　查尔斯·库希乌斯是维也纳的哈布斯堡家族的御医，也是植物学的权威。他的研究让人们对郁金香的庞大品种和系列开始有所了解。库希乌斯在法兰克福进行球根植物的详细研究，1593 年把多种郁金香球根带到莱顿大学继续研究和栽培，他在校内设置植物园，并全力栽培和研究当时西欧所没有的郁金香，这时候郁金香开始传入荷兰。因此，库希乌斯在西欧被称为郁金香之父。

　　库希乌斯的研究中发现了一种突变，后世称为郁金香杂色病，出现杂色病的球根会开出美丽条纹图样的花。这种病的病因在 20 世纪的时候才被解开，根源是郁金香球根被病毒感染。

　　郁金香是一种难以短时间大量繁殖的植物，造成了"郁金香狂热"中的缺货状态因而变得高价。郁金香有两种培养方法，一种是由种子开始培育，另外一种是由母球根复制出子球根。前一种方法经由杂交可能会产生新种郁金香，但是到开花要历经三至七年的时间。后一种

郁 金 香

方法从母球根来培养,当年即可开花,一个母球根可产生二至三个子球根,子球根成长到母球根也要花一点时间,此外,不发芽的种子和母球根数量也不少。基于以上的理由,郁金香的培育速度无法赶上突然扩大的需求。

因为迷恋郁金香而改名的人

1610 年,最初被郁金香的美丽所吸引的是手头宽裕的植物爱好者,因为郁金香的球根一开始就是高价的商品,之后由这些园艺家和爱好者自己试着改良品种,产生了许多有名的品种,其中有名的高级品种,例如,"里弗金提督"、"海军上将艾克"、"总督"、"大元帅"等,此外还有一个让爱好者赞不绝口的品种,是因病变而产生的紫 – 白色条纹的"永远的皇帝"。

虽然单色品种的价格较为便宜,但是也要 1 000 荷兰盾以上,随着大众的喜爱程度价格更为提升。

在画家林布兰的名作"杜勒普医生的解剖课"中,画中的主角杜勒普原名查理·比得兹医生,这位医生就是因为迷恋郁金香而在 1621 年改名为尼可拉·杜勒普,其中杜勒普即是郁金香的荷兰文写法。

关于郁金香的传说

荷兰是欧洲的花园,鲜花之国。荷兰人喜欢种植葱属植物,有大约 44 430 英亩(1 英亩 = 6.072 亩)鲜花,花卉产量占荷兰农业总产量的 3.5%。而郁金香是其中种植最广泛的花卉,也是荷兰的国花,是美好、庄严、华贵和成功的象征。

郁金香现在已成普通人家的装点,三百多年前的疯狂,为人类留下一笔宝贵财富

荷兰流传的关于郁金香的故事挺浪漫：古代有位美丽少女住在雄伟的城堡里，有三位勇士同时爱上了她，一个送她一顶皇冠，一个送她一把宝剑，一个送她一块黄金。但她对谁都不钟情，只好自己向花神祷告。

花神深感爱情不能勉强，便把皇冠变鲜花，宝剑变绿叶，黄金变球根，这样合起来便成一朵郁金香了。

在郁金香进入荷兰后近 400 年里，不仅深得荷兰人喜爱，被评为国花，而且使许多荷兰人致富，荷兰也因此成为"郁金香王国"。现在荷兰每年大约培育 90 亿个鲜花球茎，全世界每个人都可以分到一朵。其中郁金香球茎有 30 亿个，如果把它们排列起来能够围绕赤道 7 圈。而荷兰本国仅是一个 41 000 平方公里的国家，并且 1/4 的土地在海平面以下。

第二章

1720年南海泡沫

1720年倒闭的南海公司给整个伦敦金融业都带来了巨大的阴影。这是世界历史上第一次证券市场泡沫事件，"泡沫经济"一词即来源于此事件。

1711年，英国政府为了向南美洲进行贸易扩张，而专门成立了一家公司——南海公司，公司因拥有1170万英镑的英国国家债务而成为英国国债最大的债权人。1720年1月，南海公司向英国政府提出利用发行股票的方法来减缓国债的压力。为了迅速筹集还债资金，不堪重负的英国政府决定把南海公司的股票卖给公众。

南海泡沫事件

南海公司是英国一个特许贸易公司，具有在南海贸易的特许权，垄断经营。所谓南海就是指现在的拉丁美洲、大西洋沿岸地区。南海公司拿到这个特许权以后就开始造势，说这个地区发现了金矿、银矿、香料，等等。这在当时都是非常赚钱的买卖。

很快人们开始相信了。南海公司海市蜃楼般的利润前景，唤起了英国人超乎寻常的狂热。于是，股价就开始猛涨。据历史记载，从1720年3月到9月，在短短的半年时间里,南海公司的股票价格一举从每股 330 英镑涨到了 1 050 英镑。

当时的英国正处在第一次工业革命的前夕,大量的民间企业同样需要筹集资本,当人们看到南海这种泡沫起来后十分赚钱,民间就纷纷组织公司,并开始背着政府偷偷地发行股票。英国议会在 1720 年 6 月通过了《反金融诈骗和投机法》,禁止民间组织公司。《反金融诈骗和投机法》被民间俗称为"泡沫法",它的意思是说,"泡沫法"认定了民间股票是泡沫,政府用这部法律去打击民间股票的发行,但同时却助长了南海泡沫的形成。

1720 年,南海泡沫终于破灭,公司股价直线下跌。南海泡沫的破灭使神圣的政府信用也随之破灭了,英国没人再敢问津股票。从那以后,著名的交易街清静了整整 100 年,此间,英国没有发行过一张股票,从而为发达的英国股市历史留下了一段耐人寻味的空白。

创建南海公司的罗伯特·哈利伯爵

创建南海公司的"牛津伯爵"

"牛津伯爵"罗伯特·哈利于 1711 年创建了"南海公司"。新公司邀请所持英国政府公债达 900 万英镑的个人,将债券兑换成"南海公司"的股票。由于这项爱国服务能够回收部分国债,国王专门授予"南海公司"代表英国同南太平洋诸岛和南美洲开展贸易。

然而,结果表明:这种专营权始终没有达到伯爵当初设想的价值;因为当时统治南美洲大部分地区的西班牙不愿开放殖民地和英国进行任何的贸易往来。但是,与古往今来所有技法娴熟的欺骗高手一样,哈利知道如何向愚蠢而贪婪的公众推销诱人的故事。1720 年,"南海公司"向国会抛出了一个难以抗拒的诱饵:公司将通过向持股人发行"南海股票",吸收 3 100 万英镑——这几乎是全部的国债。

以后成为英国第一任首相的罗伯特·沃尔波尔曾在下议院公开斥责该计划,并称:有人通过"激发、维持公众的痴迷情绪,并且承诺永远无法兑现的资金和利息,从而人为抬高股价"。然而罗伯特·沃尔波尔的慷慨陈词在"牛津伯爵"成堆的谣言面前,显得势单力薄。

伯爵阵营的消息称：英国和西班牙正就允许英国在所有西班牙殖民地上开展自由贸易的协定进行磋商。来自新大陆的黄金、白银将汇入英国，使得"南海"商人成为世界上最富有的人。如果持股人之前投资了 100 英镑，那么，他将获得数百英镑的年回报。

　　议案通过，投机开始了。"南海"股票从 1720 年1 月的每股 128.5 英镑，飙升至 8 月令人瞠目结舌的1 000 英镑。

　　当时，举国上下似乎都成了股票批发商。每天，证交所被民众堵得水泄不通；由于马车过多，麦山（伦敦金融区的一条街道）无法通行。每个人都前来购股。

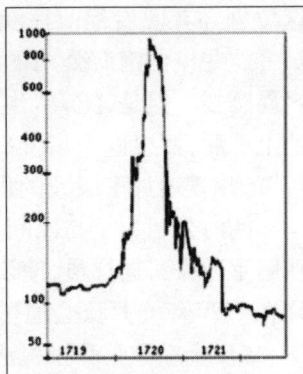

南海公司股价走势图

模仿南海公司的"创业者"

　　18 世纪的伯尼·科恩菲尔德察觉到一个机遇。欺诈者们注意到"南海公司"股票正在迅速飙升，于是组建起数百家"泡沫公司"；他们除了兜售自己的股票，再没有其他更多的经营目的。有一家公司的成立是"为了开展头发贸易"；另一家公

一幅讽刺股民疯狂葬身"南海"的漫画

司在被查封时，正在为生产一种永动机筹款 100 万美元；第三家公司的创建是"为了将水银转化为一种延展性良好的金属"。由于水银（或称汞），只要温度高于零下 38.9℃就呈现液态，因此，将它转化为固态金属就成了一项非凡成就。

　　最值得一提的骗局可能是：一家公司根本没有陈述自己的经营目的。计划书含糊地暗示：该公司的组建是"为了开展一桩大有好处的买卖，只是没有人知道那是什么"。创办者宣称：认购者每投入 2 英镑，就会获得 100 英镑的年息——50∶1 的回报。尽管这项承诺没有任何的事实依据，但在发行说明书颁布后的次日清晨，就有一大群人出现在该公司的门口。6 小时内，创办者就筹集到 2 000 英镑。

　　短短一天工夫，这位创办者就狠狠地捞了一把。他很懂得见好就收。当晚

这位创办者便启程前往欧洲大陆,从此便销声匿迹了。

这些模仿南海公司的"创业者"纷纷组织公司,并且和南海公司一样,也能够轻易赚钱。但是,随着"泡沫公司"增多,又出现了新的情况。南海公司的股价迅速上涨后,要想进一步推高股价,就需要有更多的社会资金。然而,大量"泡沫公司"的出现增加了股票的供给,致使股价迅速下跌。这就损害了南海公司的利益。

南海公司为了与民间企业争夺有限的社会资源,他们开始大规模地游说,并用贿赂手段去买通议员,使议员们可以从南海公司获得大量的贷款购买其股票。这样在1720年6月议会通过了《反金融诈骗和投机法》,禁止民间组织公司。

《反金融诈骗和投机法》被民间俗称为"泡沫法",这实际上是一种讽刺。它的意思是说,"泡沫法"认定了民间股票是泡沫,政府用这部法律去打击民间股票的发行,但同时却助长了南海泡沫的形成。尤其值得一提的是,"泡沫法"的提出,让人类的经济生活中第一次出现了所谓"泡沫"的概念。尽管它被沿用至今,但由于"泡沫"一词起源于民间,所以它不是一个严谨的经济名词。

"泡沫法"的颁布进一步推高了南海公司的股价,但可悲的是,在南海事件中所存在的大量腐败行为,很快便击破了南海泡沫。

关进伦敦塔的财政部长

在"南海泡沫"中人们争先恐后购买股票,然而在股价越涨越高的时候,包括财政部长在内的许多官员卖掉了所持有的股票。

内幕人士与政府官员的大举抛售,引发了"南海泡沫"的破灭。1720年,南海公司的股价从8月31日的775英镑一路下跌,到10月1日,只剩下290英镑。

当时英国的财政部长在南海公司的内幕交易中,为自己赚取了90万英镑的巨额利润。丑闻败露之后,他被关进了著名的英国皇家监狱——伦敦塔。

大力支持南海计划的巽得兰勋爵

科学家牛顿的伤感

1720年4月20日,英国伟大的数学家、物理学家、天文学家和自然哲学家牛顿卖出了所持的英国南海公司股票,获利7 000英镑。此后一段时间,南海公司股票的价格继续大幅上涨，牛顿感觉到自己"踏空"行情了，懊恼之后，牛顿又买回南海股票，随着"南海泡沫"的破灭，牛顿竟然亏损了约2万英镑。

2万英镑对牛顿意味着什么呢？以牛顿1699年就职英格兰皇家造币厂厂长时年薪2000英镑计算，牛顿在南海公司股票上赔掉了10年的薪水。

事实上，牛顿不仅仅是位科学家，他同样非常熟悉金融行业。牛顿担任皇家造币厂厂长这一职务达28年之久，正因为牛顿在任时主张货币重铸，才维系了英国常年的金银比价稳定，进而助力于英国金本位制的确立。然而，智者如牛顿者，也难免随着芸芸众生，陷入对南海泡沫的大众幻想和群体性癫狂。

南海股票作为一支典型的具有人为炒作性质的股票，有着资产注入、税收优

牛　顿

惠和业绩大幅提升的题材和预期，一年内，股价从128英镑蹿升至1000英镑，又回落到124英镑，最终清算时，其资产已所剩无几，令牛顿和很多不知情的投资者亏损惨重。

牛顿感叹道："我可以测量天体的运行，却不能计算人类的愚蠢和疯狂。"能发现天体运行规律的牛顿，面对证券市场却茫然无措。

南海泡沫的最大受益者

18世纪初，英国为了确定它欧洲霸主的地位，不断进行对外战争，其中重要的一次是西班牙王位继承战争。英国为了战争花费了大量的财政收入，然而收支仍然不能平衡。为此除了向英格兰银行举债以外，还希望通过顺利发展世界贸易来获取战争债务。金融投机在全国颇受鼓励。

1710年，政府授予一个公司有在南海进行贸易的特权，并让它认购部分公债。商业资产阶级和金融资产阶级从国债券中收取政府支付的利益，迅速地增加了南海公司的资产。1714年《乌特勒支和约》签订以后，公司把主要目标投向金融投资事业。1720年，该公司提出了除英格兰银行和东印度公司的国债之外所有的英国国债由该公司承包的计划。虽然这个计划是个一眼就可以识破的骗局，但它可以将25年来积压的债务一扫而清，加之，大多数议员都接受了南海公司的贿赂，于是这个计划被议会通过。南海公司利用公众对财富的盲目迷恋心

理,大量发行股票并许下种种诱人的诺言,一时之间,各地掀起购买南海股票的热潮,南海公司的股票在短短几个月内不断攀升。投机狂热猛烈地爆发出来,各种真假公司纷纷出现,人们以无以复加的轻信态度盲目向各个公司投资,而投机商们在骗取巨款之后便逃之夭夭。

虚假公司被揭穿以后,整个经济迅速陷入了静如死水的萧条局面。人们纷纷转向,大量抛售南海公司的股票,数周以后,先前不断攀升的南海公司的股票迅速跌回原位。数以百万计的人丧失了他们惨淡经营的成果,倾家荡产,每天都有人自杀,国内一片混乱。许多大臣都因接受南海公司的贿赂而身败名裂,王室也因此受到牵连。

然而,在这场"南海泡沫"事件中却有一个人收获最大,他就是罗伯特·沃尔波尔。

罗伯特·沃尔波尔

沃尔波尔是 18 世纪前期英国著名的国务活动家。1678 年,他出身于诺福克郡的一个地主家庭,其父是辉格党议员。1701 年沃尔波尔当选议会议员,加入了辉格党,开始了漫长的政治生涯。

在下院,沃尔波尔是那样的引人注目,因为他的内在和外表都是那么与众不同,这不仅因为他过人的才华让人对他另眼相看,就连他的身材也是那样令人难忘。他矮胖的身躯、粗犷的举止、浓重的乡音、善于抓住问题实质的演讲独具特色,练达的组织才能更使他博得王室和辉格党领袖的青睐。

他自 1708 年起先后担任国防大臣和海军司库等职,得以与马尔博罗和戈多尔芬共事。在托利派执掌政权的年代,他与马尔博罗和戈多尔芬共同遭受打击。当遭到解职的他再次受到托利党人入阁的邀请时,他毫不犹豫地予以拒绝,并在议会慷慨发言为马尔博罗、戈多尔芬辩护,结果因此受到了报复,被指控犯有贪污罪关进大牢。

1714 年辉格党再次在选举中获胜时,他被任命为财政大臣。在"南海泡沫"事件中,罗伯特·沃尔波尔虽然没有受贿,不过他得到的收益可不比那些贪官少,他利用过人的理财本领在私下投资中幸运地获得了大笔的利润,而且作为少数几个未收贿赂的大臣之一备受注目。

当南海公司最初提出认购全部公债计划时,罗伯特.沃尔波尔就对它进行了猛烈而严肃的抨击。认为这个计划以获利为诱饵,诱使那些不谨慎的人破产,使他们为了追求理想中的财富而损失惨淡经营的成果。此计划的方针是极端错误的,它要刺激人们对这个计划保持盲目轻信的心理,向人们保证能够从这笔不足的资金中获得红利,企图以这种手段提高股票价值,而股票一旦下跌,这个计划就宣告破产。后来的事实证明,沃尔波尔确实具有先见之明。

"南海泡沫"事件造成了大恐慌,政府的金融信誉受到了致命的打击,威信扫地,托利党人把这次丑闻当做他们重新上台的救命稻草。这时,辉格党政府只能靠沃尔波尔来捍卫他们的荣誉,而他这时已经居于要人地位。

1720 年,善于理财的沃尔波尔接受国王委托,着手整顿南海公司的股票,并将国债重新进行分配,将南海公司认购的最后一笔公债分摊给英格兰银行和财政部,逐渐控制了股票下跌的势头,使得南海公司免于彻底破产。国家财政状况渐趋平稳,商业资产阶级和金融资产阶级对他大加赞扬,大力支持,使得沃尔波尔名噪一时。

沃尔波尔因处理南海公司事件有功,从此青云直上,1721 年,沃尔波尔被任命为第一财政大臣,在接下来的 21 年里,他一直担任着这个职位,并控制着下议院。在他的执政生涯中,托利党的势力大大削弱,无所作为,辉格党开始了长达 50 多年之久的寡头政治时期。

第三章

1720 年密西西比公司事件

法国的密西西比公司事件和英国的南海泡沫事件以及郁金香狂热并称为近代欧洲三大泡沫事件。

密西西比公司是一家 18 世纪时的法国公司,其主要的经营目的是要在当时隶属于法国的北美地区密西西比河流域,从事贸易和开发等商业活动。1717 年 8 月,由一名叫做约翰·劳的商人所买下,当时法国政府承诺给他 25 年的垄断经营权。

密西西比公司先后以其雄厚的财力,发展出了法兰西东印度公司和法兰西银行。在这段时间内,该公司的股票由 500 里弗尔涨到 15 000 里弗尔。但是到 1720 年夏天时,投资人对这家公司的信心大减,结果一年之内股票价格跌回到 500 里弗尔。密西西比公司事件使得法国中产阶级、上层社会中无数人破产,法国货币体系也因此动荡不安。

独揽大权的路易十四

1661 年 3 月,法国的红衣主教马扎然去世。他在遗嘱中向已 23 岁的路易十四传授教诲:独揽大权,国王要统治一切。

由于路易年轻时法国发生了一次巨大的暴乱(投石党,1648～1653),这次暴乱对路易影响很大,他决定永不允许这样的暴乱重现。因此这位年轻的国王早就有意凭借"君权神授"观念强化绝对君主制。马扎然刚一去世,路易十四即向大臣们宣布:"此后,我就是我自己的首相。"在亲政的 54 年中,他从未委任过首相。朝中诸事,不分大小,概由他独断专行。

权力的集中让路易十四获得了极大的威严。但是,他是一个野心很大的人,为了让他和他统治的法国在国际上受人尊敬,为了扩大法兰西的疆域和法国在欧洲的霸权,他在亲政的 54 年中,竟有 31 年让法国处于战争状态。

在路易十四统治前期,大力推行重商主义政策,使法国经济出现繁荣的局面,曾经空虚的国库也一度充实起来。然而,随着连年不断的战争,国库再度变得空虚,法国人民也陷入深重的灾难之中。

1685 年,决心统一法国人宗教信仰的路易十四废除了南特赦令。赦令废除后,胡格诺派(当时的基督徒被称为"胡格诺教徒")的教堂被摧毁,新教的学校被关闭。最重要的是,这个命令迫使许多胡格诺派教徒移居国外,大多数移居荷兰、普鲁士、英国和美国。这是一个历史性的错误,因为许多逃亡者是非常好的手工业者,他们的技巧给他们到达的国家带来了巨大的财富。

战争与手工业者的外逃使法国的经济陷入持续衰败状态。1707 年,沃邦侯爵在《谈十一税》一书中描述了当时法国的穷困:"几乎 1/10 的人成了乞丐

红衣主教马扎然

……若再无补救之法,人们将陷于万劫不复之地","这个阶层(下层阶级)的人们因战争的需要和节省,如今已生活于衣衫褴褛和破旧草屋之中,任其田地荒芜。"

路易十四

路易十四对沃邦侯爵的担忧不屑一顾,他耻笑说沃邦侯爵的计划在战争的危机中会颠覆王国的经济,并让人们耻笑《谈十一税》这本书。很快,沃邦侯爵去世。法国的农工商处于更加困难的境况,里昂大多数企业纷纷倒闭了,而税收和战争仍在继续。

到了 1715 年,法国为它的奢侈生活和对外战争付出的代价是 25 亿里弗尔(里弗尔是一种法国的货币单位名称,1里弗尔相当于 1 磅白银,在 1795 年前法国都是使用此货币单位)的巨债,而当时每年的税收不过 1.45 亿里弗尔,政府支出需 1.4 亿里弗尔。这一年,路易十四去世,法国的经济面临着破产的境地。法国此后经济的动荡乃至密西西比泡沫的出现都源于此。

无知而贪婪的摄政王

成立私人银行

路易十四去世后,掌管法国的摄政王奥尔良公爵为了填补国家财政的巨大窟窿而伤透脑筋。为改变局面,摄政王使用传统伎俩,下令重铸货币,新货币的金属含量只有原来的 4/5,货币贬值 1/5,但流通时还按原面值交易。借助这个手段,政府的财政压力稍稍缓解,然而还是不能从根本上解除国家的经济困窘状况。

摄政王奥尔良公爵

这时候约翰·劳来到了巴黎。奥尔良公爵是约翰·劳进入法国的保证人,也是他多年以来在赌桌上结识的密友。心怀鬼胎的约翰·劳最终说服了摄政王奥尔良公爵,他向摄政王提交了两份备忘录,提出金属货币远远不能满足一个商业国家的要求,必须要有纸币辅助。他还特别以英国和荷兰为例来阐明纸币的好处,并用许多关于货币信用的真实论据来说明重建法国货币信誉的办法。鉴于当时法国货币在欧洲诸国中不景气的现状,他还建议摄政王建立一个银行来管理国家的税收,再以这些税收和不动产为基础发行纸币。他想按照英格兰银行的模型创办一个银行,以动员闲散的资本,而予实业家以低廉的信用。针对这些方案,马克思评价说约翰·劳"具有一种欺诈者和预言家的有趣的混合性格"。

对经济一窍不通的摄政王无暇考虑更多,面对 20 多亿里弗尔的举债,只要能够弄到钱,就是建立 10 个银行对手握大权的他来说也不成问题。于是,在法国政府的特许下,1716 年约翰·劳在巴黎建立了一家私人银行——通用银行,也被称作"劳氏银行"。

这家银行拥有发行货币的特权,其货币可以用来兑换硬币和付税。"劳氏银行"用发行的纸币来支付国债,并根据特权可以随意购买和兑换,发行后价值也保持不变,这便使纸币被认为比经常因政府干预而贬值的金银更能保值。通用银行的股本为 600 万里弗尔,共分 12 000 股,每股 500 里弗尔。当时因为财政混乱,利息一般高达 20% ~30%,劳对较可靠的期票,按 6% 予以贴现。通用银行建立后经营得非常成功,资产总额迅速增加,它的纸币在公众心目中的价值迅速升高,比同样面值的金属货币价值高出 1％。人们心中对纸币的信任完全建立了,一年之中,通用银行发行的纸币的市场价格超过了面值的 15％,而国库券或者说是由政府发行、用以偿还路易十四所欠债务的证券,则下滑到了面值的 21.5％。这个比值对约翰·劳太有利了,他的信誉蒸蒸日上,他也逐渐成为法国经济界的重量级人物。

建立密西西比公司

在约翰·劳声誉蒸蒸日上之时,一个叫安托尼·克罗扎特的商人得到了与法属殖民地路易斯安那从事贸易的许可。但事情进展得并不顺利,安托尼·克罗扎特不得不于 1717 年 9 月把许可证交还给法国政府。

得知此消息的约翰·劳发现了其中的巨大商机,他迅速找到摄政王并说服他,取得了在密西西比河广阔流域和河西岸路易斯安那州的贸易特许权以及在加拿大的皮货贸易垄断权。这样,约翰·劳于 1717 年 8 月成立的“西方公司”,也就获得了为期 25 年的自由开发路易斯安那的权利。为了组织贸易,约翰·劳为新公司注入了 1 亿里弗尔的资本,并将公司改名为“密西西比公司”。

密西西比公司拥有整个路易斯安那已经发现的财产和统治权以及正在查明的地产,垄断了加拿大海狸毛皮的贸易。殖民地的全部政府财产、要塞、武器、生活资料和现金储备,一概无偿地转移给该公司。特权的有效期限为 25 年。

新公司的资本被分为 20 万股,每股 500 里弗尔。尽管面值 500 里弗尔的国库券在市场上只能换来 160 里弗尔,但约翰·劳仍规定新公司的股票可用国库券以面值购买。于是,投机狂潮席卷了整个法兰西。劳氏银行良好的信誉,使得劳所做的任何承诺以及他认为合适的承诺都让人们坚信不疑。在如潮的赞誉声中,约翰·劳和摄政王如痴如醉,他们忘记了如果一个银行没有必需的资金来支持自己发行的纸币,就只有走上绝路。

形成投机狂潮

约翰·劳不断宣称密西西比河流域“遍地黄金”,只要持有这个公司的股票,谁都会分享到巨大的利润。公众被丰厚的利润前景所诱惑,申购新股的人昼夜排队,甚至等上几星期。公司股票的价格扶摇直上,有时几个小时就能上涨 20％。收购国债的钞票流入股市,股价暴涨又刺激了新股的发行。雪球越滚越大,整个法兰西沉浸在致富的狂热中,经济似乎也真的繁荣起来。

随后,1718 年 11 月,约翰·劳又成立了塞内加尔公司负责对非洲的贸易。1719 年他兼并了东印度公司和中国公司,改名为印度公司。至此约翰·劳拥有对好望角、非洲东岸、红海岸,对太平洋诸岛,对波斯、蒙古,对中国、日本及南部非洲等地的独占贸易权,垄断了法国所有的欧洲以外的贸易。所以,整个法国殖民地贸易都归约翰·劳的公司独占了,这种垄断性的海外贸易也为约翰·劳的公司带来了源源不断的超额利润。

1718年,摄政王将约翰·劳的银行变为皇家银行,于是约翰·劳就把密西西比公司与已存在的东印度公司合并,新的印度公司首先发行了5万张股票。约翰·劳向法国人民展示了异常辉煌的前景,他保证每份500里弗尔的股票每年可以分红200里弗尔。由于这些股票是被用国库券以面值购买的,国库券一直在贬值,500里弗尔的面值只抵得上100里弗尔的实际价值,因此,这样算下来每一股的利润竟达200%。一直热情高涨的人们无法抵御如此美好的前景诱惑,约翰·劳的保证一发布,至少有30万人前来申请购买这5万份新股。

由于不可能满足所有申请人的需求,公司负责人宣布新的股票持有人的名单要在几周后才能敲定。在这段时间内,公众的焦急心情达到了疯狂的顶点。公爵、侯爵、伯爵以及他们的夫人们每天都在约翰·劳的门口等候几个小时以探听结果,最后,等候的人数达到数千人,并充斥于大街。为防止互相推挤,他们搬到了相邻的套间内暂住,以至邻近房屋都以黄金来计算租价,那些房主都变成了富人。甚至游手好闲的人也都发了财,他们帮助抢购股票的人挤到办公桌前边去。在整个国家金色梦想的诱惑下,新的申请人源源不断。最后,公司认为可以再发行30万新股,每股5 000里弗尔;这样的话,摄政王就可以利用公众普遍的热情还清所有的国债。陷入一片狂热的全国公众早就忘记了什么叫风险,对他们来说,即使花三倍这样数额的钱也在所不惜。

当时英国与荷兰的东印度公司都经营得比较成功,所以人们认为只要公司每年派遣更多的贸易船只去东印度,加上路易斯安那的殖民开发,那么每年都可能得到250%的股息。在这样的心理预期下,股票价格一时猛涨。此后,约翰·劳又发行了几次股票,到1720年共发行了3亿里弗尔的60万张股票。由于新股票的不断发行,旧股票的行市就不免稍稍跌落一些。1719年6月20日约翰·劳颁布新规定,要用4张旧股票才能购买一张新股票,于是被人们称为"母股"的旧股票又回涨起来。人们为了得到一张"女儿股",必须持有4张"母股"。1719年7月27日发行"孙女股"即第三代的股票2.5万张,票面价值500里弗尔,认购时已提高到1 000里弗尔。要购买一张"孙女股",必须呈示4张"母股"和一张"女儿股"。

这样一来,疯狂的投机,即抢购股票的风潮,就掀动起来了。人们再也不问股票的实际价格如何,每个人都只想趁着行市高涨,赚取价差而致富。当约翰·劳的公司为筹集12亿里弗尔政府借款而发行第四代股票,即"曾孙女股"时,500里弗尔一张的股票竟达到5 000里弗尔;这种股票,人人都可认购。只要稍有一点积蓄的人,都来参加股票投机了。人们的热情被再次点燃,不分昼夜地聚集到公司的办公处前,拼命挤在那里,等待认购时刻的到来。

继续助纣为虐

1720年1月,摄政王任命约翰·劳为法国的主计长和监督长。此时的约翰·劳一手掌管政府财政和皇家银行的货币发行,一手控制法国海外贸易与殖民地发展。他和他的印度公司负责替法国征收税赋,持有大量的国债。随后,印度公司干脆接管皇家银行的经营权。

印度公司的股票价格猛涨不落,吸引了大量欧洲各国的资金流入。约翰·劳为了抬高印度公司的股市行情,干脆宣布其股票的红利与公司的前景无关。这种深奥莫测的说法进一步鼓励了民间的投机活动。

但是,如此数目惊人的股票投机,自然要有流通手段。要使股票交易进展顺利,就需要大大增加货币的发行,而这又是由"劳氏银行"来执行。仅仅 1719 年的 5 个月中,约翰·劳就发行了 8.9 亿里弗尔货币。

不可否认,货币和股票的大量发行,确实一度活跃了整个经济,法国的工农业生产、商业贸易似乎都注入了一种兴奋剂,各种交易量都大大增加了。但是,纸币发行量过大迟早会使国家经济崩溃,这一切都是建筑在沙滩上的。

投机危机初现

疯狂的投机引起了有识之士的注意。1720 年,法国议会一再发出警告:纸币发行量过大迟早会使国家经济崩溃。但是这些警告被置若罔闻,人类极度的贪婪支撑着这个海市蜃楼:印度公司股票的价格越高,银行就同步发行越多的钞票。

第一次小小的警告发生在 1720 年初,狄康德王子由于没能买到新股,一怒之下把装满三辆马车的纸币拉到"劳氏银行"兑换硬币,此举被摄政王用行政手段压制下来。令人不可思议的是,狄康德王子此举并没有引起人们足够的重视,每个人都谴责狄康德王子的吝啬和贪婪,都认为约翰·劳受到了不公正的对待。

直到此时,约翰·劳和摄政王还没有明白紧缩银根的紧迫性。但是,出于不信任,又有许多人模仿起狄康德王子的举动来。精明的股票投机者都正确地预见到股票价格不可能永远攀升。一个名叫韦尔马莱的投机商嗅到了即将到来的风暴,就购买了价值超过 100 万里弗尔的金币和银币,将其装到马车上,用干草和牛粪盖好,然后,他装扮成一名浑身肮脏的农夫,将一车贵重的财富安全运到比利时,又从那里运到了阿姆斯特丹。

泡沫终将破灭

渐渐地,流通中的硬币逐渐减少,贵重金属不断流向英格兰和荷兰。普通群众见势不妙,也把身边仅存的少量硬币小心翼翼地隐藏起来。最终,国内硬币到了极度匮乏的程度,交易也无法维持下去了。

更坏的情形随之而来,随着殖民地坏消息的传来,股东们的信心大受影响,加上一些投机家的阴谋活动,最终促成了一场抛售股票的浪潮。

为了维持印度公司股票价位,约翰·劳动用了手中所掌握的财政大权维持行市。因为在股票跌落中,大量发行的货币也不免受到牵连。他把股票价格强行固定在 9 000 里弗尔,并且维持在这个价位上两个多月。约翰·劳的政策使得

股票货币化,进而迅速推动了通货膨胀。通货膨胀说到底是一个货币现象,1719
年法国的通货膨胀率为4%,到1720年1月就上升为23%。如果说在1720年之
前只是一些经济学者们对约翰·劳的政策表示怀疑,通货膨胀则直接给广大民
众敲响了警钟。

　　另外,为了维持货币的行市,约翰·
劳禁止人们运输金属铸币和贵金属,压
低铸币的价值,并实行住宅搜查,发现有
价值500里弗尔以上的贵金属,一律没
收,违者还要被处以数额很大的罚款。
他还鼓励人们寻找违规者;他保证告密
者可以得到发现违法金额的一半。自
1717年冬到1720年12月,黄金铸币的
名义价值改变28次,白银铸币的价值改
变35次。在这种闻所未闻的政策下,摄
政王和约翰·劳遭到人们雨点般的咒
骂,印度公司股票的价格急剧下跌,再没
有什么人相信这个地区蕴藏巨大财富的
神话了。

约翰·劳

导致法国经济衰败的始作俑者

街头暴乱
约翰·罗(1671~1729)所发起的密西西比联合股份公司被
投机者利用,给投资者造成了巨额损失

　　为了支持"密西西比公司"股票,为了做最后的一搏,约翰·劳请求政府从巴黎街头征募 6 000 名顽童,前往可能富含金矿的路易斯安那做工。约翰·劳领着这群弃儿,提锄扛铲地穿过巴黎的大街小巷;结果一些天真的投资人开始相信:约翰·劳的方案并非一无是处。

　　股价迅速反弹,但是却不能持续下去。在此之后,随着约翰·劳的公关声势减弱,行情再度开始下滑。1720 年,曾经从 1716 年的每股 500 里弗尔蹿升至20 000 里弗尔的"密西西比公司"股票,仅用了几个月,就跌至区区 200 里弗尔,损失率高达 99%! 约翰·劳遭遇了灭顶之灾;法国的经济也几乎一蹶不振。

第四章

1837 年经济大恐慌

　　1837 年,美国的经济恐慌引起了银行业的收缩,由于缺乏足够的贵金属,银行无力兑付发行的货币,不得不一再推迟。这场恐慌带来的经济萧条一直持续到 1843 年。恐慌的原因是多方面的:贵金属由联邦政府向州银行的转移,分散了储备,妨碍了集中管理;英国银行方面的压力;储备分散导致稳定美国经济机制的缺失,等等。

1837 年经济大恐慌

　　到了 1837 年,美国银行系统出现混乱,马丁·范布伦总统并没有成功地稳定市场。他在 1840 年的总统竞选中失败。

安德鲁·杰克逊的金融政策

平民总统　政绩卓著

　　美国第七任总统安德鲁·杰克逊是个遗腹子,1767 年 3 月 15 日生于沃克斯华地区。他是美国历史上第一位平民出身的总统,少年时期住在西部边远地区,只接受了些零星的教育,在那里度过了独立战争年代。他从一名边区律师起家,读法律大约两年,并且在田纳西成为一位杰出的年轻律师。他当过众议员、参议员、州最高法院法官、州民兵少将。在第二次对英战争中,他坚韧不拔,与士兵共甘苦,被誉为"老胡桃木"。在新奥尔良战役中,他率兵大败英军,振奋全国,成为举国闻名的英雄。他第一次竞选总统时失败,第二次才获胜,是美国第一位民主党总统。任职期间大力加强总统职权,维护联邦统一,颇有政绩,史称"民主政治",几乎与第三届总统杰斐逊齐名。

美国第七任总统安德鲁・杰克逊

肢解国民银行体系

在金融政策方面,1832 年,杰克逊总统否决了再次授予美国第二银行特许状的法案,因为他认为国会没有建立美国银行的宪法权力。像许多西部人一样,杰克逊认为尼古拉斯・比德尔领导的美国银行是一个精英机构,垄断金融业,牺牲普通劳动民众的利益,偏袒东部制造业。

1836 年特许状到期,美国银行被解散。同时,杰克逊将总额约为 1 100 万美元的联邦基金存款从美国银行提出,将这笔款项分别存进不同州的几个银行内。

安德鲁・杰克逊认为美国联邦银行对于信用和经济发展的控制过严、对一般市民造成伤害,因而通过上述做法让这家银行关门。

随着美国银行的解散,保守的金融政策也随之而去。州立银行扩大了信用范围,自由发行纸币,但各州银行因为不重视授信政策,引发了西部土地投机和通货膨胀。

在 1836 年美国第二银行延期申请遭到拒绝而关闭后,第二银行停止了一些贷款发行,国际银行家通过紧缩美国银根,使美国陷入了严重的"人为"货币流通量剧减的境地。

1836 年,杰克逊签署《铸币流通令》,要求公共土地的买家必须以黄金或者白银支付,试图恢复经济秩序。这个法令有效地消除了赊欠问题,结束了狂热的土地投机,却引发了经济上的恐慌。

自由银行时期

19 世纪上半叶,伴随着各州银行的发展,美国联邦银行管理体系开始呈现了衰势,美国进入了一个"自由银行"时期。这一时期的特征在于,任何一个团体或个人,只要符合开银行的最低标准,便可申请经营银行并轻而易举地获准挂牌营业。在此之前,各州相继建立了初步的以及必要的银行业安全体系,大体上还算保证了发行货币的可靠性。但在此之后,便大门洞开、放任自流了,于是,各州银行紧跟着泛滥起来。对此,联邦政府非但疏于监管,相反却鼓励各州在本州外设立银行。这大大便利了跨州银行业的发展,应运而生的是密执根州和纽约州的"自由银行立法",其他各州蜂拥仿效。

依据"自由银行法",凡拥有足够资金的个人或团体均可以开办银行,最低资本只要求 10 万美元。与此同时,各州的申办手续也大幅度简化,"自由银行法"有"又一个独立宣言"之美誉。然而,银行的蜂拥而起导致诈骗猖獗,银行业务品质更无从谈起。

在"自由银行法"实施的第一年,密歇根州有 40 家银行开业,到年底,则无一例外地全部面临破产倒闭,就连当时最大的银行之一宾夕法尼亚美国银行也未能渡过这场危机。一时间,银行家们东奔西走,寻求重组。类似情况在其他各州也大范围蔓延。人们很快认识到,继续容忍银行业的盲目和狂热将惹出难以收拾的麻烦。因此,接下来的 20 年里,在数以百计的银行倒闭、重组、再开张、再倒闭的乱象中,各州也不得不废止、修订、重新颁布"自由银行法令"。在全国范围内引起了一场史无前例的大恐慌。

另一方面,各州银行业的不稳定迫使各州修订他们的"法令"和法定防范措施,各自为政的做法又导致了各州"法令"之间出现了较大差异。这除了为投机者造成了更大的空隙之外,还最终在国家层面上惹出麻烦,尽管"自由银行法"的初衷是借助发展跨州银行的举措实现凝聚国家的目标。

1837 年,当马丁·范布伦担任总统后,许多银行都面临很大的问题,有些准备歇业,还有成千上万的人失去了自己的土地,这个年轻的国家遭遇了有史以来最严重的经济衰退。最终造成了美国持续 5 年的经济危机。这就是史称"1837年的经济大恐慌"。

马丁·范布伦总统的一意孤行

马丁·范布伦(1782.12~1862.7)美国第八任总统,生于纽约州的肯德霍克。农场主亚伯拉罕·范布伦和玛丽·霍斯之子,荷兰人血统。范布伦生长在虽不是贫民,但比较穷困的家庭。他放学后要搬运农产品,并在他父亲的旅店中帮忙。通过在律师事务所学习和锻炼,1803 年他取得律师资格。1800 年选举期间,范布伦为托马斯·杰斐逊竞选,并被选为特洛伊共和党代表大会核心小组的代表。18 岁时他已是一个见习政治家了。1808 年他被任命为哥伦比亚县的法官。1812~1820 年,范布伦当选为纽约中区的州参议员,1816 年再次当选。1815 年被任命为州首席检察官。他与本杰明·巴特勒等人组成一个强有力的政治组织奥尔巴尼摄政团,控制纽约州政治多年。1821 年选入美国参议院,支持州权主义,反对中央集权政府。6 年后再次当选。1828 年辞去参议员职位。当选为纽约州长。1829 年被杰克逊总统任命为国务卿,1831 年辞职。随即被总统任命为驻英公使,但遭到参议院中的辉格党人反对,拒绝批准这一任命。1832 年作为副总统候选人与杰克逊联合竞选并获胜。1836 年范布伦当选为总统。1837 年范布伦就职仅两个月,暴发了一场前所未有的金融危机,由此他开始把联邦的国库和私人银行分开,建立合众国国库。1839 年平息了与加拿大的危机,1842 年签订的韦伯斯持一阿斯伯顿条约解决了悬而未决的边界问题。1862 年 7 月 24 日因患哮喘病去世。葬于肯德霍克基地。

遭遇经济危机

范布伦经过一番苦战,终于赢得了总统宝座,但刚上任的范布伦,面临一大堆内外交困的问题。

在范布伦的就职演说中,这位 54 岁的总统公然宣布,他将继续推行前总统杰克逊的政策。范布伦留用了杰克逊的所有阁员,进一步证明了他准备保守成业的意图。

在就职演说中,范布伦自豪地说:美国是独一无二的、人类最繁荣昌盛的社会。可是,范布伦宣誓就职总统刚刚两个月,纽约市的银行首先暂停纸币兑换金银的业务,其他地区的银行也纷纷效仿,从而引发了一场全国性的经济大恐慌。这种经济恐慌的阴云迅速笼罩全

美国第8 任美国总统:马丁·范布伦

国,并发展为一直持续到 1843 年的严重经济萧条。导致这场大恐慌有汇聚在一起的三种因素:

1.《铸币流通令》的颁布以及由此导致的信贷紧缩;

2. 连年的农作物歉收;

3. 与英国的贸易逆差。

随着情况的恶化,全国大约有 900 家银行关门倒闭,在一些城市里,越来越多的失业人员组织起来哄抢食品。

范布伦指责银行应该承担问题的主要责任,准备将联邦国库从私有金融集团中分离出来。他提出要求建立一个独立的金库制度,使联邦政府能够直接掌管征收的税款,不必存入私人银行。这样联邦基金就可以安全地存放在这里,不

必担心资金被轻易地借贷出去,从而引发又一轮的投机。他还建议政府以国库券的形式发行纸币。

范布伦召开了一次国会特别会议,他警告国会说,国会没有宪法规定的权力,"向公民提供特殊补助,以解救他们由于商业和信贷的波动而造成的损失和困难"。当时,他提出的理由是正确的。他说:"各个社会团体往往会向政府提出过多的要求。即使在我们这样的国家里,虽然权利和义务都是严格限制的,人们还是容易提出过多的要求。尤其当我们面临突然发生的困难和恐慌的时候,更是如此。但是这是不应该的。我们的无比优越的宪法是宪法的拟订者和批准宪法的人民按照准确的原则,经过周密审虑而制订的。他们非常明智地指出:政府对私人业务干涉越少,则对于社会普遍繁荣的推进越多。所以,政府的合理目标并不是要使某些人富有,也不能对某些企业所遭受的私人损失给予金钱上或者立法上的直接援助。这种做法实际上就是用一部分人的财产为另一部分人谋利益。"

国会行动迟缓,反复拖延,过了很久以后,才采纳了范布伦提出的各项措施。1840 年 7 月,《独立国库法令》终于成为法律。第二年被废除,但 1846 年重新实施。

一意孤行

马丁·范布伦在赢得总统大选上的技巧、要比运用总统职务的技巧来得好,虽然在他进入白宫之前,就已经发现不少严重的问题。他沿袭了安德鲁·杰克森的金融政策,这也成为 1837 年经济大恐慌的最大原因。

即使国家遭逢经济危机,范布伦仍然忠于汤玛士·杰佛逊与安德鲁·杰克逊的政治哲学,认为联邦政府应该只能掌握有限的权力,也拒绝倾听那些认为联邦政府应该通过国家新设银行,以稳定并控制国家衰败的言论。

他唯一愿意做的事情是将联邦基金从各州银行移至独立基金,但这举动并未能产生效果、解决经济混乱的问题。范布伦在 1840 年参与竞选时,被彻底地击溃,主要原因就是经济萧条。

经济萧条达 5 年之久,最后因 1848 年美国加州发现巨大旧金山金矿而情况好转。

发现旧金山金矿的木匠

1848 年旧金山的一名木匠在推动水车的水流中发现黄金,由此引发全世界的淘金热。大量华人涌入,华人将这个淘金之地称为"金山"。

1851 年由于在澳洲南部发现了黄金,全世界再一次掀起了淘金热。一时间从欧洲、美洲和亚洲涌来了大批的淘金者,其中从中国沿海地区就来了 4 万多华工。1835 年之前,墨尔本基本上是没有人居住的。1840 年,墨尔本的人口是 1 万人。1851 年,在墨尔本发现金矿后,人口迅速增长,到 1854 年,已经达到 12.3

万人。自从澳洲发现黄金后,海外华人就称原来的"金山"为"旧金山",将澳洲墨尔本附近的巴拉瑞特称为"新金山"。

由于旧金山金矿的发掘,使得从美国政府首脑到普通民众都对广阔的西部领土充满了期望,把西部看成和平的"伊甸园",纷纷向西部移民。随着大量的人口涌入西部,粮食等日用品的需求量与日俱增。但通往"伊甸园"之路太艰难,坑坑洼洼,泥泞不堪,恶劣的交通环境严重制约了美国西部的发展。

当时美国政府看到了问题的关键,下大决心解决西部交通问题,认为这是美国振兴经济,彻底摆脱国际经济力量制约的途径。早期交通问题的解决主要依靠收费公路的修建和航运,直到铁路技术成熟,开始大规模修建西部铁路。美国的铁路在 1860 年已经达 3 万英里(1 英里＝1.6 千米),到 1890 年铁路总

旧金山金矿的发现者之一苏特尔

里程达 16.7 万英里,全国货运的 75% 由铁路承担,大大方便了东西部资源的流通,极大地活跃了美国国内的贸易。并且,铁路作为一种新兴的交通运输方式,在其建设和发展的过程中,吸引了大量的投资,有力刺激了制造业的发展。通过铁路的大发展带动起经济大发展,美国经济逐渐赶超了英、法等欧洲列强。

第五章

1907 年 银行危机

20世纪初的美国经济处于新一轮迅速上升期。

美国经济的大繁荣,让企业对资本的需求如饥似渴。在美国,这一时期很多个人企业转变为股份公司,发行掺水股票,从中牟取暴利。大量欧洲资本通过提供短期信贷来资助创业投机。有两组数据可以证明,1906年,海外资本对美国的投资达5亿美元,相当于现在的1200亿美元;1905~1906年间,英法两国拥有的有价证券中70%~75%是投资海外的债券。

对资本的巨大需求促使美国机构与个人投资者过度举债。这其中就诞生了一个金融机构——信托投资公司。

信托公司和现在的投行一样,享有许多商业银行不能经营的投资业务,却缺乏政府监管。这导致信托公司可以没有限制地过度吸纳社会资金,投资于高风险、高回报的行业和股市。1906年,纽约一半左右的银行贷款都被信托公司作为抵押投在高风险的股市和债券上。华尔街投行运用所谓的金融创新吹大了泡沫,在1907年危机中,没有监管的信托公司就是吹大泡沫的人。

金融泡沫在逐渐吹大,但并没有持续多久。20世纪前后在欧洲暴发了布尔战争与日俄战争。为弥补战争造成的巨大损失,欧洲各国央行普遍提高利率,这导致大量黄金资本迅速从美国回流欧洲。

1906年4月,美国旧金山大地震造成严重破坏,大量资金被投入重建工作上,连作为美国金融中心的纽约也一度现金告急。坏消息不断传来:1907年6月,纽约市政债券发行失败;7月,铜交易市场崩溃;8月,洛克菲勒的美孚石油公司被罚款2900万美元;9月,股市已下跌了近1/4。10月,那只掀起飓风的蝴蝶出现——尼克伯克信托投资公司遭到清算。

1907年10月中旬,美国第三大信托公司尼克伯克信托投资公司对联合铜业公司收购计划失败。市场传言尼克伯克信托公司即将破产,第二天这家信托公司遭到"挤兑"。尼克伯克成为倒下的多米诺骨牌的第一张牌。

尼克伯克倒闭后,银行对于信托业产生了强烈的不信任感,银行要求信托公司立即还贷,受到两面催款的信托公司只好向股票市场借钱,借款利息一下冲到150%的天价。同时,恐慌让银行间出现"惜贷",美国市场资金流动性停滞。

　　流言像病毒一般迅速传染了整个纽约：惊恐万状的市民在各个信托公司门口彻夜排队等候取出他们的存款；道琼斯工业指数最低达到过57.56点，距离最高位103点相差近45%，到10月24日，股市交易几乎陷于停盘状态；包括尼克伯克在内的、参与铜矿股票投机的8家纽约银行和信托公司在4天之内相继破产。连锁效应推动了恐慌向全美乃至全球传导。《1907年的恐慌》一书这样评论当时的情景："全世界处在经济崩溃的边缘，风暴中心是纽约金融区。"在这场危机中，美国共有300多家信托公司倒闭。

恐慌开始于纽约证券交易所外的场外交易市场

　　在当时的危机时刻，J.P.摩根公司担负起"中央银行"的责任展开救赎。

　　摩根公司的创始人是银行家J.P.摩根，现在的摩根斯坦利就是1933年从摩根公司中拆分出来的投行。摩根当时可谓富可敌国，资产达13亿美元。摩根组织了一个由银行家组成的联盟，成立紧急审计小组，评估受困的金融机构损失，向需要资金的金融机构提供贷款，购买他们手中的股票。他说服其他银行家用手头的资金购买纽约市发行的债券。事后证明，摩根支持的每一家金融机构都存活下来。

　　1907年11月底恐慌逐渐降低，信贷又开始扩张，12月美国利率创下新高后回落。由于美国经济的恢复，市场立刻开始了新一轮快速的上涨，1908年道指重新返回100点。

策划成立美联储的巨头们

　　提起这次银行危机需要从美联储的成立说起。

　　美联储是"美国联邦储备银行"的简称，其实它既不是"联邦"，更没有"储备"，也算不上"银行"。实际情况是，美国政府根本没有货币发行权！美国政府要想得到美元,就必须将美国人民的未来税收(国债)抵押给私有的美联储,由美联储来发行"美联储券",这就是"美元"。

洛克菲勒

1910 年 11 月 22 日夜,在纽约城外一节完全密封的火车车厢里,所有的车窗全部被窗帘严密地遮挡住,列车缓缓向南驶去。车厢里坐着的全是美国最重要的银行家,没有任何人知道他们此行的目的地。列车的终点是数百英里之外的佐治亚州的哲基尔岛。

哲基尔岛是一群美国超级富豪拥有的冬季度假胜地。以 J. P. 摩根为首的大腕们成立了一个哲基尔岛打猎俱乐部,地球上 1/6 的财富聚集在这个俱乐部会员的手中,会员身份只能继承,不可转让。此时,该俱乐部得到通知,有人要使用俱乐部大约两个星期,所有会员不能在这段时间内使用会所。会所的所有服务人员全部从大陆调来,对所有到达会所的客人一律只称呼名字,而绝对不能使用姓氏。

会所周围 50 英里的范围内被确保不会出现任何记者。

当一切准备就绪,客人们出现在会所中。参加这次绝密会议的有:尼尔森·奥利奇,参议员,国家货币委员会主席,尼尔森·洛克菲勒的外祖父;皮亚特·安德鲁,美国财政部助理部长;弗兰克·万德利普,纽约国家城市银行总裁;亨利·戴维森,J. P. 摩根公司高级合伙人;查尔斯·诺顿,纽约第一国家银行总裁;本杰明·斯特朗,J. P. 摩根的左膀右臂。

这些重要人物来到这个偏僻的小岛,主要任务是起草一份重要的文件:《联邦储备法案》。

保罗·沃伯格负责起草文件,尼尔森·奥利奇是所有人中唯一的外行,他

保罗·沃伯格

负责让文件内容符合正确的要求,能够在国会被接受。其他人则代表不同银行集团的利益,他们围绕着保罗提出的方案细节进行了长达 9 天的激烈争论,最后终于达成了共识。

美国历史上反对私有中央银行的政治力量和民间力量相当强大,纽约银行家在美国工业界和中小业主的圈子里口碑极差。国会议员们对银行家提出的任何有关私有中央银行的提案都像躲避瘟疫一般。为了扭转这种不利的态势,一场巨大的金融危机开始被构想出来。

摩根公司创始人 J. P. 摩根

危机正在酝酿中

与 1837 年、1857 年、1873 年、1884 年和 1893 年一样,银行家们早已瞧出经济过热发展中出现的严重泡沫现象,这也是他们不断放松银根所导致的必然结果。但是,什么时候开始抽水捞鱼却只有几个最大的银行寡头知道。

摩根和他背后的国际银行家们精确地计算着这次金融风暴的预估成果。首先是震撼美国社会,让"事实"说明一个没有中央银行的社会是多么脆弱。其次是挤垮和兼并中小竞争对手,尤其是令银行家颇为侧目的信托投资公司。还有就是得到让他们垂涎已久的重要企业。

时髦的信托投资公司在当时享有许多银行不能经营的业务,政府监管方面又非常宽松,这一切导致了信托投资公司过度吸纳社会资金并投资于高风险的行业和股市。

J. P. 摩根

摩根的救市计划

摩根在此之前的几个月里一直在欧洲的伦敦与巴黎之间"度假",经过国际金融家们精心策划,摩根回到美国。10 月 24 日,股市交易几乎陷于停盘状态。

摩根此时以救世主的面目出现了。当纽约证交所主席来到摩根的办公室求救时,他声音颤抖地表示如果不能在下午三点之前筹集到 2 500 万美元,至少 50 家交易商将会破产,他除了关闭股票市场将别无选择。下午二点,摩根紧急召开银行家会议,在 16 分钟里,银行家们筹足了钱。摩根立即派人到证交所宣布借款利息将以 10% 敞开供应,交易所里立刻一片欢呼。仅过了一天,紧急救助的资金告罄,利息再度疯长。8 家银行和信托公司已经倒闭。摩根赶到纽约清算银行,要求发放票据作为临时货币以应付严重的现金短缺。

11 月 2 日星期六,摩根开始了他蓄谋已久的计划,"拯救"仍在风雨飘摇之中的摩尔斯莱公司。该公司已陷入 2 500 万美元的债务,濒临倒闭。但是它却是田纳西矿业和制铁公司的主要债权人,如果摩尔斯莱被迫破产清偿,纽约股市将完全崩溃,后果不堪设想。

摩根将纽约金融圈子里的大腕悉数请到他的图书馆,商业银行家被安排在东书房,信托公司老总被安排在西书房,惶惶不可终日的金融家们焦急地等待着摩根给他们安排的命运。

摩根深知田纳西矿业和制铁公司拥有的田纳西州、亚拉巴马州和佐治亚州的铁矿和煤矿资源,将大大加强摩根自己创办的钢铁巨无霸——美国钢铁公司的垄断地位。在反垄断法的制约之下,摩根始终对这块大肥肉无法下嘴,而这次危机给他创造了一个难得的兼并机会。

摩根的条件是,为了拯救摩尔斯莱公司和整个信托行业,信托公司必须集资 2 500 万美元来维持信托公司不致崩溃,美国钢铁公司要从摩尔斯莱手中买下田纳西矿业和制铁公司的债权。濒临破产的压力,整夜未眠极度疲倦的信托公司的老总们终于向摩根缴械投降。

要拿到田纳西矿业和制铁公司这块肥肉,摩根还有最后一关要过,那就是对反垄断一点不含糊的老罗斯福总统。

ELISHA ROOSEVELT SICKETH THE BEARS UPON THE BAD BOYS OF WALL STREET

罗斯福指挥两只巨熊——"州际商业委员会"和"联邦法院"攻击华尔街
(帕克杂志,1907 年 5 月 8 日)

　　11 月 3 日星期天晚上,摩根派人星夜赶往华盛顿,要在下个星期一上午股票市场开盘之前,拿到总统的批准。银行危机使大批企业倒闭,失去一生积蓄的成千上万愤怒的人民形成了巨大的政权危机,老罗斯福不得不借重摩根的力量来稳定大局,他在最后时刻被迫签下城下之盟。此时距星期一股市开盘仅剩 5 分钟!

救市的教训总结

　　摩根以 4 500 万美元的超低价吃下田纳西矿业和制铁公司,而该公司的潜在价值至少在 10 亿美元左右。

　　这次的金融危机是一次蓄谋已久的精确定向爆破。在这次金融风暴之后,一股反对一切金融垄断的强大民意潮流席卷全美,为了《联邦储备法案》能顺利出笼,银行家们将手伸向了总统选举。

　　也正是出于对此次救市事件的教训总结,导致了 1914 年美国联邦储备系统的诞生,金融体系的稳定性得以增强。

第六章

1929 年股市大崩溃

美国纽约证券交易所是世界上最大的证券交易所,道·琼斯指数(及以后的纳斯达克科技股指数)不仅是美国经济的晴雨表,也是世界上大多数股票市场的风向标,一荣俱荣,一损俱损。

1929 年 10 月的股市暴跌,不论是当时美国的股市投资者,还是世界上其他股市的投资者绝对不会想到的是,1929 年 9 月 3 日是股票指数最高的一天,大崩溃以后,要等待整整 25 个春秋,指数才恢复到 1929 年的最高水平。

19 世纪20 年代的纽约街景

1929 年 9 月以前,股票价格已经急剧升腾,参与股票投资的人越来越多,简直到了全民皆炒股的状态。

从 1928 年 3 月初到 1929 年 9 月初,美国股票市场交易额的增长率与 1923

年至 1928 年初整个时期的增长率相同,主要工业公司股票的价格上涨有时竟高达每天 10 个或 15 个百分点。

其实,大崩溃前不久,股市已经开始下跌了,而下跌浪潮的加剧是从 10 月 19 日星期六开始的,但是由于 22 日星期二略有回升,股票持有者对周三股市的下跌,就不再担心了。当时大多数人都没有意识到,导致美国,甚至世界股市长达 25 年的股灾已经来临。

1929 年 10 月 24 日,是美国证券史上永远难忘的日子。纽约证交所的 1 100 名会员几乎全都到场,比平日多出 300 多人。一开市,交易员们发疯了似的来回奔跑,但还是赶不上股价下跌的速度。好股、坏股无一幸免。由于及时传递行情在技术上办不到而使风潮进一步加剧。通过电报和电话传递信息过度频繁,人群挤得水泄不通,以至消息被推迟一个多小时,巴尔的摩 10 时 30 分发出的指令,要到 11 时 30 分才在华尔街电传打字机上显示出来,结果大家都惊恐万状。

这就是人们后来所称的“悲惨星期四”。大家都确信,最艰难的日子已经过去,并为 25 日交易所良好的运转感到欢欣鼓舞。但是,26 日、28 日和 29 日的再次下跌,使这场股市暴跌危机达到了顶点。

1929 年股市大崩溃

从 9 月初到 11 月中旬,纽约交易所的股票市值损失了 300 亿美元。然而,这仅仅是灾难的开始,股市的崩溃带来美国历史上破坏性最大的大萧条、大危机,使美国经济处于瘫痪状态。用居民个人存款去参与股票投机的银行纷纷倒闭:1929 年 659 家,1930 年 1 352 家、1931 年 2 294 家。国民收入总值从 1929 年的 880 亿元下降到 1932~1933 年中的 400 亿美元。道·琼斯 30 种工业股票指数从 1929 年 9 月的最高点 452 点跌到 1932 年 7 月 8 日的 58 点。著名的通用电器股价从最高的 396 元跌到 8 美元。股票和各种债券的面值总共下跌了 90%。无数"百万富翁"倾家荡产。一些失去生存希望的人走上了绝路。

实施残酷镇压的胡佛总统

赫伯特·胡佛

遭遇危机

在股市开始下跌的时候,胡佛总统曾发表谈话说:"美国商业基础良好,商品生产和分配并未失去以往的平衡"。总统的谈话曾使股市大幅度反弹,但可惜好景不长,股市下跌的趋势已无法改变了。

"黑色星期四"这一天发行新股,市场持续出现恐慌性抛售。1 300 多万股股票被抛出,许多股票在几小时内下跌 40~50 点。

此后,纽约多家大银行在摩根公司办事处组成"救市基金",希望以此来挽救风雨飘摇中的美国股市,消除广大投资者的恐惧感。

纽约证券交易所总裁查德·韦尼亲自入市购买股票。但是以韦尼为代表的华尔街最有势力的权威机构的救市行为只收到了微弱的一时之效,却不能阻挡一泻千里的美国股市溃败之势。

10 月 28 日,星期一,这一个令千百万美国投资者悲痛欲绝的日子,这个纽约股市最黑暗的日子终于来临了。在这一天里,纽约证券交易所所有的股票再次狂跌,平均下跌达 50 点。

10 月 29 日灾难再次降临,一个交易日内 1 640 多万股股票易手,股票价格几乎是垂直下跌。整个交易大厅,抛售股票的投资者如同一只只无头苍蝇在大厅里撞来撞去,以期尽快使自己持有的股票脱手。在这一日收盘时,许多曾经风光无限的股票,已变得一文不值了。

到了这时候,美国股灾发展到了极致。整个西方资本主义世界为之震颤。30 年代"经济大萧条"由此拉开了序幕。

在可怕的"黑色星期一"(10 月 28 日)之后的 1929 年 10 月,全世界各国的新闻媒介都在头版或头条报道了股票市场的暴跌情况。许许多多惶惶不可终日的人们在街头巷尾议论的话题都是各国股市暴跌的情况。各种流言耸人听闻，"血染华尔街"、"股市大地震"、"失控的大屠杀"等五颜六色的标语海报遍布于西方国家的城市街头。

1929 年10 月25 日：纽约证券交易所内的股票经纪人。前一日的恐慌在继续

华尔街崩溃时，在纽约证券交易所对面，国库分库大楼外
和乔治华盛顿塑像周围聚集的群众

经济萧条

　　1929 年 10 月美国股票市场出现崩溃后，随之而来的是美国经济出现了历史上罕见的大萧条。失业人数急剧增加，大约 25% 的银行倒闭。农民遭受的打击最为沉重，本已下跌的农作物价格又下跌 30%，再加上南部和西部地区暴雨成灾，农场上的表土被冲掉，农民被迫放弃土地，漫无目标地离家出走，到处流浪。

　　胡佛总统和他的顾问们，最初并没有觉察到大萧条的严重性。他还说："一切证据都表明，失业问题冲击的最坏结果，将在 60 天内过去。"

　　两个月后，他还相信最坏的时候已经过去。然而，大萧条已无法回避，必须面对。胡佛试图利用政府的领导，通过自愿的方法刺激经济的复苏。他呼吁企业不要裁减职工，劳方不要要求提高工资，农场主要实行谷物管理。他还宣布，在保持预算平衡和通货稳定的同时，还将降低税收和增加像当时正在科罗拉多河上建设的胡佛水坝那样的公共工程的经费。

无家可归的失业者在大城市用边角废料修筑遮风挡雨的棚户，
这些悲惨的城市贫民区被称为"胡佛村"

　　胡佛重申关心挨冻受饿的人民，首先必须是地方自愿履行的职责。他拒绝由政府直接援助，救济失业者。他认为，直接的援助最终会对人民不利，"如果我们拨给这样性质的款项的话"，他断言，"那么我们不仅要损害美国人民生活中具有极大价值的一些东西，而且还要冲击自治政府的根基"。

然而,危机的不断加深让人民失去了理智,胡佛成了被攻击的对象。曾经被人们欢呼为伟大的人道主义者的胡佛,一露面就遭到粗暴的嘲讽。人们把用破铁罐、纸板和粗麻布搭成的棚户称"胡佛村";把破汽车的引擎部分锯掉,套上一匹骨瘦如柴的骡子,叫"胡佛车";在公园长凳上过夜的人用来裹身取暖的旧报纸称"胡佛毯";空空如也的衣袋,被称为"胡佛旗";宰了充饥的长耳大野兔,叫做"胡佛猪"。美国当时有一句流行语"连狗都本能地讨厌胡佛。"而国会也准备通过一项修正案,提前交接总统,以便胡佛可以尽早下台。

当千百万美国百姓在饥饿线上挣扎时,胡佛也曾一度想简化晚餐,节衣缩食。但他马上联想到总统一家节衣缩食会使人们对美国恢复经济繁荣丧失信心,联想到对饮食要求很高的第一夫人……于是尽管大多数美国人忍饥挨饿,食不果腹,胡佛一家却始终津津有味地享用着七道菜的晚餐。因而,胡佛也就成了公众诅咒的对象,名声一败涂地。

经济政策

胡佛对经济政策的态度主体上是基于志愿精神来维持。早在执政之前,胡佛即支持以公私合作来实现长期高效增长这一概念。他害怕过多的政府干预或强迫会剥夺企业的个性与独立,而在他眼中这两个要素正是美国价值的核心。因此,大萧条的到来不仅是对国家经济,也是对胡佛的理念的考验。

为抑制大萧条所导致的经济剧烈下滑,胡佛作出了多种尝试,但几乎无一奏效。当萧条初期经济形势急速恶化的时候,胡佛拒绝了通过立法给予援助——他相信这会使民众变得依赖联邦政府。胡佛所采取的方法是与商界合作制定了许多基于志愿原则的对策,鼓励州和地方政府作出反应,以及加速联邦工程建设。直到他的任期快结束时,胡佛才开始支持一系列的立法解决方案。

1929 年,胡佛批准了墨西哥裔人口遣返计划。这一计划旨在减少墨西哥裔人口造成的就业竞争,并降低市政援助的负担。计划一直实施到 1937 年,其间共有 50 万墨西哥人和墨西哥裔美国人被送回墨西哥,其中大部分都是被强迫离开的。

1930 年 6 月国会通过了斯姆特·霍利关税法,胡佛签署了该法案。这项法律提高了数千种进口商品的关税税率,意在通过增加进口商品的价格来鼓励美国人购买本国商品、增加政府收入以及保护农民利益。然而,此时经济危机已蔓延至全球,其他国家作为回应也对美国商品征收报复性关税。结果,国际贸易大幅下降,反而加剧了萧条。

1931 年胡佛发表《延债宣言》,建议各国政府间的债务、赔偿及战债均延期一年偿付,但各国欠美国的债务不能取消。由于所接受的赔偿大于应支付之战债,法国等国对这一提案表示反对。最后法美不得不单独达成协议以谋求妥协。但是,宣言并未缓解经济危机。随着其一年期时限的接近,各国开始设法彻底解决第一次世界大战遗留的债务问题。1932 年 7 月,各有关国家在洛桑签订《洛桑协定》,

规定德国在未来 37 年内支付总额为 30 亿马克的最终赔款,其中一部分作为国际基金,一部分给美国。会上,英法答应放弃赔款,同时要求美国也相应取消战债。但是,胡佛在 1932 年 11 月拒绝了英法取消战债的要求。尽管如此,法英还是于 1932 年至 1933 年间相继停止支付战债。另一方面,1933 年希特勒上台后更是完全否定了德国的赔款义务。第一次世界大战债务问题至此也只能不了了之。

失 业 的 人 群

竖立在汽车上的牌子写道:"100 美元可买下这辆轿车。
在股市上丧失了一切,急需现钞。"

　　1931 年,胡佛敦促国内各主要银行成立了一个称为国家信贷公司的银团组织。胡佛鼓励国家信贷公司的成员银行为小银行提供贷款以防止它们倒闭。但这些大银行并不愿意提供这种贷款;并且,即便是提供,也通常要求借款银行提供最大额度的资产作为抵押。政府很快就认识到国家信贷公司并无能力实现建立它的初衷,并迅速被重建金融公司取而代之。国家信贷公司的例子充分说明了胡佛依靠志愿主义来扶持经济的信念。

　　到 1932 年,大萧条已经扩展为全球范围的经济危机。在美国,失业率高到24.9%,农业腹地持续干旱,大批企业和家庭拖欠还款,超过 5 000 家银行倒闭。无数的美国人因无家可归而聚集起来居住在帐篷搭建的城市营地中。对此,胡佛和国会批准了联邦住宅贷款银行法,以刺激建设新住房,并减少贷款人的止赎行为。由于之后止赎的减少,这一措施看似取得了效果;但还是作用太小、且来的太晚。

　　在萧条开始以前,胡佛的首任财长梅隆提议并实施了大规模的减税,其中将最高所得税税率由 73% 减为 24%。萧条开始后,随着居民收入大幅下降,低税率导致联邦预算严重赤字。对增加联邦收入的迫切要求促使国会于 1932 年通过新的税收法,全面提高了各种税率。其中,最高所得税的税率重新上调为63%,接近 1928 年之前的水平;不动产税加倍;企业税上浮约 15%。此外还新增支票税,规定对所有银行支票另征 2 美分的附加税。经济学家认为支票税是导致当时银根严重紧缩的一个重要因素。胡佛还鼓励国会调查纽约证交所,这一压力导致了后者的多项改革。

　　1932 年,胡佛政府为拯救经济进行了最后一搏,通过了紧急救济和建设法,其中包括为公共建设项目提供资金和成立重建金融公司等内容。重建金融公司的目的是向金融机构、铁路和农民提供政府担保的贷款。这一机构在建立初期并未产生太大影响,但富兰克林·罗斯福保留了其设置,并将其扩大为新政的一部分。

　　胡佛的增税和干预市场等措施使得自由主义者批评他领导下的美国是中央集权经济体制。富兰克林·罗斯福指责共和党政府开支和征税过多、增加国家债务、提升关税、增设贸易壁垒以及在政府救济上花太多的钱。他还攻击胡佛"鲁莽和过分的"开销,批评其"尽快将控制集中在华盛顿"的想法,称胡佛领导的是"任何历史上的和平时期当中最能花钱的一个政府"。

失业的母亲

残酷镇压

胡佛是美国历史上最不走运的总统之一,他于 1929 年 3 月 4 日入主白宫,然而,没过多久便遭遇了历史上空前严重的经济危机。更可怕的是,这场危机一直伴随着胡佛的四年任期,越到后期,情况越恶化。在此期间,企业破产,银行倒闭,工厂停工,出现大规模的失业队伍,恐慌席卷全国,也影响到大西洋彼岸的欧洲大陆———为应对通货的紧缩,欧洲各国纷纷放弃金本位,欧洲金融体制崩溃。

1929～1933 年,美国经济大萧条期间,纽约的穷人们排队等候发放面包

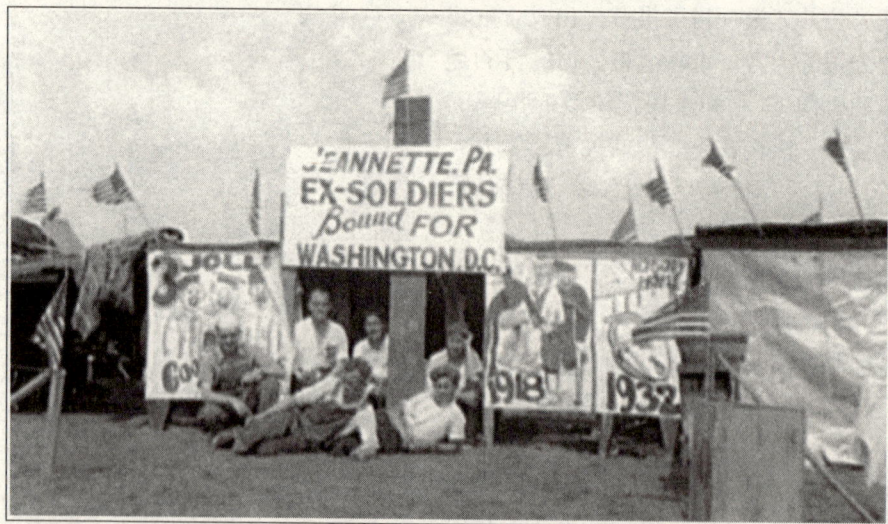

要求领取补偿金的请愿者

　　这一现状与胡佛在 1928 年竞选总统时所描述的景象截然相反,他曾说:"今天,我们美国比以往任何时候都更接近于最终战胜贫困",并放言"每家锅里有一只嫩鸡,车房中有两辆车",但事实证明,这仅仅是望梅止渴。

　　到 1932 年夏季的时候。美国经济大萧条已经整整 3 年。全国经济已经基本崩溃,失业人数有 1 500 万,中产阶级迅速破落到令人痛心的地步。大作家约翰·斯坦贝克沦落到连寄稿件的邮费都付不起。人民一贫如洗,浪迹天涯,悲观绝望的情绪笼罩着美国。

　　但此时的大资本家却依然享受着奢侈的生活,而"胡佛总统也还是一如既往的每天傍晚,打好黑领结走进饭厅,向他的七道菜奋勇进攻"。事实上,胡佛在面对这场危机时也并非无所作为,例如,他曾强调应由私人慈善机构解决失业救济问题,还批准了摩根支持的"邻居互助计划",只是这些政策并没有收到他预想的效果。

　　与当时许多底层民众的悲惨生活一样,退伍军人的日子也极度艰难。从1932 年 5 月份起,在首都华盛顿就陆续聚集了大约 2.5 万名第一次世界大战的退伍军人。他们身无分文,携家带口,在市内的公园、垃圾堆、破货栈、倒闭的店铺里"安营扎寨"。他们有时候练军操,有时候唱起当年的战歌。有一次还由一位挂着勋章的老兵带头,打着褪色的国旗,沿着大街游行。10 万市民默默地看着他们行进。

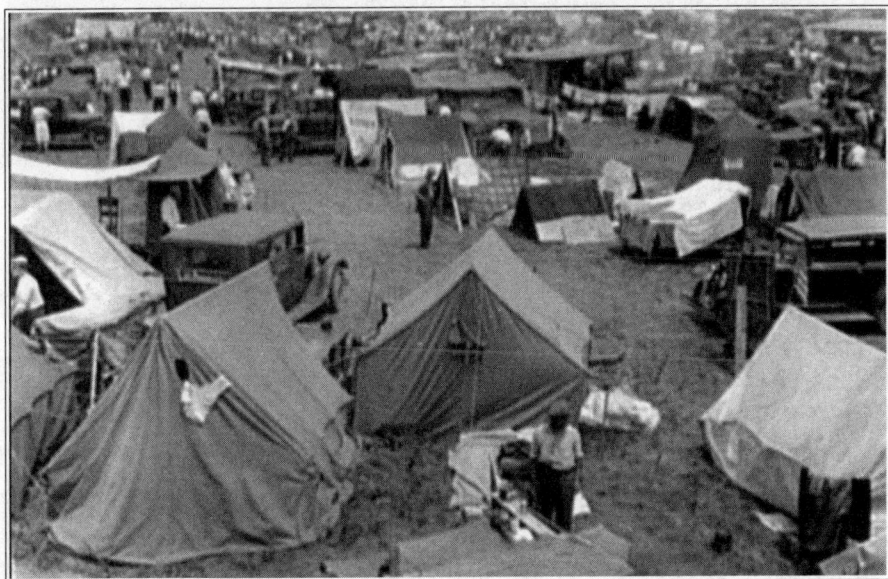

请愿者居住的帐篷

　　但这些军人大部分时间在等待,在发愁。因为他们是来请求政府救济的。这些退伍军人要求立即发给"退伍军人补偿金"。这笔钱是 1924 年规定要发的,但得等到 1945 年才到期。可是他们饿得等不到 1945 年了。如果现在就发，他们每人大约可以拿到 500 美元。他们自称是"补偿金远征军"。可是这支"远征军"的希望落空了。于是，愤怒的军人们向胡佛呼吁，却没人理睬。

美国联邦军队攻击要求补贴的失业退伍老兵

　　这支浩大的远征军引起了胡佛政府的强烈反感，白宫决心撵走那些"衣衫褴褛的不速之客"，出动军队也在所不惜。1932 年 7 月 28 日，那是一个"黑色星期四"，胡佛对陆军部长和参谋长下令，出动军队，驱散退伍军人。

　　当时，全国唯一的四星将军，陆军参谋长道格拉斯·麦克阿瑟带领他的副官艾森豪威尔少校亲临督战，并声言"要打断远征军的脊梁骨"。乔治·巴顿少校则率领第 3 骑兵团向宾夕法尼亚大道附近的退伍军人冲锋，跟在后面的是机枪分队，第 12 步兵团，第 13 工兵团，第 34 步兵团，他们手里的刺刀在阳光下闪闪发光。在部队的后面，还有 6 辆坦克隆隆推进，履带把路上给太阳晒软了的沥青一块块翻了起来。

　　巴顿的骑兵队排成战斗队型，向人群冲过去，步兵紧随着骑兵，从腰间解下一枚枚催泪弹向前扔去。抵抗停止了。军刀砍来，刺刀捅来，越刮越猛的风又吹

对退伍军人进行最后一次毁灭性攻击

来呛人的毒气,吃尽苦头的退伍军人退却了,狼狈异常。老婆抱着婴孩,丈夫提着破箱子,一路走一路还不断受到瓦斯弹的袭击。

面对手无寸铁的退伍军人,麦克阿瑟还是指挥军队继续前进,他要彻底击溃"远征军",把他们的总部夷为平地。这场力量悬殊的战斗就在美国国会旁边进行。退伍军人节节败退,最后陆军参谋长指挥部队,在退伍军人的"大本营"窝棚上点着了汽油。

有一个退伍军人的儿子叫尤金,仅有 7 岁。他想从窝棚里救出自己心爱的兔子。可是有个步兵喝道:"滚开,你这个狗崽子!"尤金还来不及走,步兵就一刺刀戳穿了他的小腿! 还有两个婴儿被瓦斯弹毒死,"远征军"报纸的编辑悲愤满怀,给其中的一个婴儿拟了一条墓志铭:"伯纳德·迈尔斯长眠于此。他只活了 3 个月,是胡佛总统下令毒死的!"

当这些退伍军人的窝棚火光冲天,他们在熊熊烈火中挣扎逃生的时候,华盛顿一些有钱人还驾着游艇,在河岸近处看热闹呢! 当晚 11 时 15 分,他们又目睹了陆军骑兵团巴顿少校率领的骑兵,对退伍军人进行最后一次毁灭性攻击……

这起血腥镇压事件造成数百人伤亡,大量退伍军人被驱赶出华盛顿,由军警押送全国各地,大部分人中途流散,继续过着流离失所的日子。但胡佛却并不以为错,反而称这些退伍军人是"刑事犯"。

镇压事件在美国国内引起强烈争论,各方对胡佛此举的看法截然不同,从中可看出政治舞台的一些人物的观念分野。但在美国民众看来,胡佛却从一个著名的人道主义者沦为暴力者;从一位最受欢迎的总统沦为最不受欢迎的总统,并被美国人视为耻辱——此事表现出胡佛政府在处理经济危机上的无能。

实施新政的罗斯福总统

受命危难

纽约股市暴跌后,美国经济陷入危机。从 1929 ~ 1933 年,美国国民生产总值从 2 036 亿美元降为 1 415 亿美元(按 1958 年价格计算),降幅高达 30%。私营公司纯利润从 1929 年的 84 亿美元降为 1932 年的 34 亿美元。工商企业倒闭 86 500 多家,1931 年美国工业生产总指数比 1929 年下降了 53.8%,进出口贸易锐减。危机最严重时,美国主要工业企业基本停止运行。汽车工业开工率仅为 5%,钢铁工业 15%。农业也惨遭劫难,谷物价格下降 2/3,农业货币总收入由 1929 年的 113 亿美元减少到 47.4 亿美元。到 1933 年 3 月,美国完全失业工人达 1 700 万,半失业者不计其数。农民的现金收入从每年 162 美元下降到 48 美元,约有 101.93 万农民破产,许多中产阶级也纷纷破产。银行系统损失惨重,破产数高达 10 500 家,占全部银行的 49%,到 1933 年 3 月时整个银行系统陷入瘫痪。

罗 斯 福

从 1929 年担任纽约州州长开始，罗斯福便实施了一系列与自由主义经济学家不同的政策:运用国家机器干预社会再生产。这些政策后来被一并称作"新政"。1933 年 3 月 4 日,罗斯福终于成为美国第三十二任总统。罗斯福在他的总统就职演说中告诉美国人:"我坚决相信,我们唯一引为恐怖的只是恐怖本身。"

1934 年,英国经济学家凯恩斯来到华盛顿。自由主义经济理论认为,国家不干预经济的政策是最好的政策。而凯恩斯不相信市场经济可以通过自我调节实现充分就业,他主张国家必须干预经济。他的划时代著作《就业、利息与货币的通论》那时正在酝酿之中。他到美国和罗斯福一拍即合,发表了大量文章支持新政。在推动新政的同时,他的理论也在完善。1936 年《就业、利息与货币的通论》出版时,已经有了罗斯福新政的实践依据。凯恩斯认为,市场需求不足,政府必须想办法提高居民的购买力,刺激消费;企业界没有办法扩大投资,政府必须担当起投资的责任。政府从哪里弄钱来投资呢? 靠赤字财政。他认为,在出现萧条时政府应当减少税收,增加支出,有意识地使预算出现赤字;当通货膨胀加剧时,政府增加税收,紧缩财政开支,取得财政结余,偿还萧条时发出的债券。

百日新政

为摆脱长达四年的极其严重的经济危机,刚刚上任的罗斯福总统采取了广泛的有力措施,历史上称为"罗斯福新政"。"罗斯福新政"在美国历史上占有极为重要的地位,对西方世界的经济发展也产生了重大的影响。

罗斯福上台后,以近乎魔幻的力量控制了金融危机,为缓和整个经济危机奠定了基础。在短短的两个星期内,他使充满恐惧的美国发生了转变,为萧条所困的美国人阴沉忧郁的脸上,开始出现了兴奋和乐观的表情。罗斯福紧紧抓住这个良好势头,实施他那令人眼花缭乱的"百日新政"。

混乱的经济秩序迫使罗斯福必须快刀斩乱麻,立刻采取对策,实施"新政"。确切地说,罗斯福从 3 月上旬到 6 月中旬的"百日新政",就是"百日立法"。他向国会连续提交了 15 篇咨文,15 项重要法案得到了通过。在这 100 个日日夜夜里,罗斯福的新政设计师们都在紧急地工作,他们点灯熬夜,起草各种法案、条例和备忘录,处处都提到救济、复苏和改革。尽管罗斯福并没有一整套理论作指南,其所采取的措施有些甚至是相互矛盾的,从整体上看是杂乱无章的,但当时同样混乱的局势帮助罗斯福获得成功。美国经济已经到了谷底,没有别处可去,只能往上攀登。美国人对新政都寄以厚望,不仅民主党内全力支持,罗斯福的对手共和党人也希望新政能给国家带来希望。罗斯福向国会提交的法案,都一一获得通过,这些法律的制定,对于医治蔓延到全世界的危机起了重要的作用。

民间护林工作队

首先采取的措施是稳住失业大军。罗斯福最喜爱的一次规划:成立一支民间护林工作队,将50万失业人员安排到国有林区工作,得到了国会的批准,还批准拨付5亿美元的失业救济金。罗斯福一生中对森林和保护自然有很大的兴趣,终于通过法律如愿以偿,同时,也为解决失业问题提供了很大的帮助。

新政的主要内容可以用"3R"来概括,即复兴(Recover)、救济(Relief)、改革(Reform)。由于大萧条是由疯狂投机活动引起的金融危机而触发的。罗斯福总统的新政也直接从整顿金融人手。在被称为"百日新政"期间制定的15项重要立法中,有关金融的法律占1/3。罗斯福于1933年3月4日宣誓就任总统时,全国几乎没有一家银行营业,支票在华盛顿已无法兑现。在罗斯福的要求下,3月9日,国会通过《紧急银行法》,决定对银行采取个别审查颁发许可证制度,对有偿付能力的银行,允许尽快复业。

罗斯福新政运用财政、信贷两个杠杆对宏观经济进行调节,解决市场经济自发机制所造成的生产过剩、供过于求的问题。政策重点是用需求带动生产。办法之一是实行赤字财政和发行债券、调动闲置资本用于生产和消费。办法之二是增加货币供应量,降低利率以刺激投资。

罗斯福上台的头几个星期,几乎没

领取失业保险卡

有考虑如何才能促进工业的回升,他认为没有足够的时间考虑这样一项广泛的计划。但国会几次催促总统采取行动,罗斯福召集有关团体在白宫开会,会上争议了很长时间,毫无进展。盛怒之下,罗斯福指定一个起草委员会,命令这个委员会的成员关起门来工作,不拿出一项满意的法案,不准出来。就是在这种混乱不堪的局面下产生了《工业复兴法》。

宣传新政的海报

"百日新政"的最突出的特点,就是一切都不受传统所制约。这倒符合罗斯福的性格,因为他从来就不愿意循规蹈矩,是个乐天派,就是天塌下来也不担心。西方世界这一场严重的经济危机持续了四年之久,各种灵丹妙药都不见效,人们对传统的东西已经厌倦、失望。与其在旧框框中苦心寻觅,不如尝试一下似乎"离经叛道"的新方法。

《工业复兴法》实行行业计划,政府干预经济,有点类似于"计划经济";放弃金本位制,使美元不再与黄金挂钩,把全世界保守的银行家吓得目瞪口呆。美国预算局的局长惊呼"西方文明完了!"然而,上帝却愿意帮助这个新总统,这些"离经叛道"的新法发生了神奇的作用,衰退了整整四年的美国经济开始了复苏,工业的轮子转起来了。《纽约时报》每周商业指数在罗斯福就职时为 52.3,6月中旬达到 87.1,这是两年多来的最高水平。工厂的烟囱又冒烟了,农场主的产品又运到市场出售,而不再是把它烧掉。人民对前途满怀希望,萧条虽然并没有结束,但对萧条的担心已经解除。

新政效果

1929 年,政府的总开支约为 100 亿美元,1933 年,增加为 130 亿美元,1936年增加到 150 亿美元。在政府投资的带动下,民间投资也有起色。经过政府三年投资之后,国民总收入与国民总消费上升了 50%,但政府的投资计划没有达到充分就业的程度,仍有 900 余万人失业,直到第二次世界大战期间政府投资扩大到 1 030 亿元,就业问题才得以缓解。

罗斯福总统和他著名的炉边谈话

"百日新政"为罗斯福执政定下了基调,在这以后他基本上就是按照这个路线走下去的。对于新政的长期效果如何评价,罗斯福把它交给选民去表决。在新政出台一年之后,1934年6月28日,罗斯福在炉边谈话中向公民提问"你们的日子比去年好过吗? 你们的债务负担减小了吗? 你们的银行存款安全了吗? 你们的工作条件好些了没有? 你们对自己前途的信念有了更牢固的基础吗?"多数选民对此的回答是肯定的。他在夏天乘船旅行,所到之处受到盛大的欢迎。这一年的中期选举,民主党人大获全胜,人们普遍认为这是对新政和罗斯福政策的支持,他的助手宣称:"人民几乎把他立为国王。""百日新政",帮助美国摆脱了经济危机。

第七章

1987 年黑色星期一

1987 年 10 月 19 日的股灾也被称为："黑色星期一"，当日全球股市在纽约道·琼斯工业平均指数带头暴跌下全面下泻，引发金融市场恐慌，及随之而来的经济衰退。

1987 年 10 月 16 日（星期五）：纽约股市经过夏季连创新高后，在当日下跌 91 点（约 5%）。但因时差，当纽约股市暴跌时，其他市场已经休市，未被波及，甚至与纽约股市同步的多伦多股市也未受影响。

1987 年 10 月 19 日（星期一）：当日悉尼股市首先开市，未见异动。

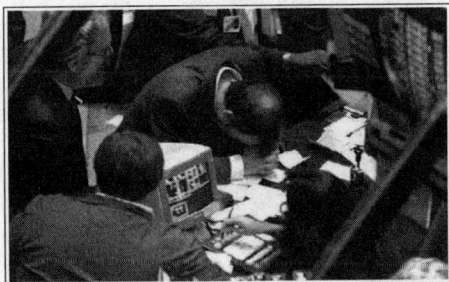

1987 年黑色星期一

香港时间早上 10 时，香港股市准时开市，恒生指数一开市即受纽约影响恐慌性下泻 120 点，中午收市下跌 235 点，全日收市共下跌 420.81 点，收市报 3 362.39（超过 10%），各月份期指均下跌超过 300 点跌停板。受香港股市暴跌的影响，亚太地区股市全面下泻，并如骨牌般随各时区陆续开市扩展至欧洲市场，并最终绕地球一圈回到纽约。

10 月 19 日，美国纽约股市股价暴跌，世界上最有影响的道·琼斯股票指数一天之内狂跌了 508.32 点，下跌幅度达 22.6%，创 1914 年以来日跌幅度最高记录。几小时内，伦敦、东京、法兰克福、悉尼、新加坡等地市场受到强烈冲击，股票跌幅创世界纪录。

一语惊人的贝克财长

繁荣让人们产生幻觉

第二次世界大战后,美国经济实力大大增强,各类投资活动十分活跃,证券市场进入了繁荣阶段。股价指数在 20 世纪 50 年代大幅度上升,1966 年达到了一个高峰,道·琼斯工业股票平均指数接近 1 000 点。此后至 1974 年暴跌之前,股价一直处于波动状态。1974 年由于发生了石油危机,美国物价暴涨,通货膨胀严重。当时又发生了水门事件,政治危机与经济危机的双重打击使美国股市暴跌。道·琼斯工业平均指数从 1973 年 1 月最高峰的 1 016 点下跌到 1974 年底的 557 点。在此期间,纽约证券交易所的股票总值由 8 700 亿美元降到 5 100 亿美元,损失了 40%。

贝克财长

20 世纪 80 年代初期,股票价格显著反弹,1982 年 10 月 21 日达到 1 036 点,11 月 3 日升至 1 065 点,创战后最高记录。自此以后,股票价格持续 5 年保持上升势头,股票价格指数不断刷新纪录,1986 年 12 月道指已涨到 1 896 点,与 1982 年相比上升了 78%。

进入 1987 年,股票市场涨势更猛。8 月份,道·琼斯工业指数高达 2 722 点。持续很长的牛市使人们完全处于乐观状态,认为牛市是很正常的。80 年代中期是一个充满信心的时代,人们产生了这样的幻觉,以为股市的繁荣是理所当然的。实际上此时股票市价已远远超过其内在价值。

危机暗流涌动

在股票价格不断刷新纪录的时候,美国的贸易逆差和财政赤字也在惊人地增长。美国 1980 年的外贸赤字仅为 225 亿美元,1983 年增至 671 亿美元,1985 年则猛增到 1 485 亿美元,1986 年达到创纪录的 1 630 亿美元。1980 年美国的财政赤字只有 761 亿美元,1983 年达到 2 025.2 亿美元,1985 年则增至 2 121.1 亿美元,1986 年赤字又有增长,为 2 207 亿美元。在相隔 71 年后,1985 年美国再度沦为净债务国,负债达 1 075 亿美元,成为世界头号债务国。1986 年对外债务进一步增加。这一切开始给不断升温的股市带来阴影。

贝克财长的惊人之语

　　1987 年秋后不久,七国财长在华盛顿聚会。贝克财长再次敦促工业国的伙伴们在削减美国贸易赤字上助一臂之力,但日本"顾左右而言他",联邦德国伙伴则未等散会就登上了回程班机。华尔街的股票行情已经开始在这些因素的驱使下大幅度波动。

　　10 月 14 日,美国政府公布了 8 月份的商品贸易赤字为 157 亿美元,几乎比金融市场所统计的数字高出 15 亿美元。几秒钟后,外汇市场的交易商估计在赤字减少之前美元汇价将进一步下跌,纷纷抛售美元。同时德国马克和日元价值猛升。同一天,道·琼斯股票价格指数跌了 95 点,10 月 16 日再跌 108 点,接连打破纪录。

　　10 月 18 日早晨,贝克财长在全国电视节目中一语惊人:"如果联邦德国不降低利率以刺激经济扩展,美国将考虑让美元继续下跌。"

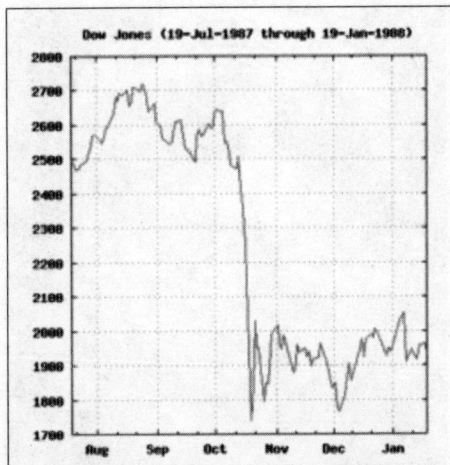

纽约道·琼斯工业平均指数
(1987 年 7 月 19 日~1988 年 1 月 19 日)

　　10 月 19 日"黑色星期一"之前,各种坏稍息的接踵而至已在人们的心理上笼罩上一层阴影。

黑色星期一的股市崩溃

　　1987 年 10 月 19 日,也就是贝克财长发表讲话的第二天,华尔街股票市场爆发了历史上最大的一次股市崩溃。早晨 9 时 10 分,开盘钟声响后,道·琼斯指数在荧光屏一开始显示就少了 67 点,卖出指令像排山倒海一样涌来。开盘后不到一小时,道指已下跌 104 点,交易量 1.4 亿份,等于平时全天的交易量。由于指令数量太大,计算机竟然比实际交易速度慢了 20 分钟。从开盘到 11 时,道指直线下跌,下午二时,跌了 250 点,交易量 4 亿多份,计算机落后 100 分钟。两小时后,收盘钟声响了,这一天道·琼斯股票指数直线下跌了 508 点,由 2 246.74 点狂跌到 1 738.74 点,下跌了 22.6%,交易量 6 亿份,股市价值损失了 5 030 亿美元。

世界首富萨姆·沃尔顿的损失

　　1985 年 10 月,《福布斯》杂志将萨姆·沃尔顿列为全美富豪排行榜的首位。萨姆和沃尔玛商店一夜之间成为全美公众关注的焦点。大批的记者拥向萨姆的住地。然而,当他们看到这位美国第一富豪过着最简朴的生活时,不禁大失所望:萨姆穿着一套自己商店出售的廉价服装,开着一辆破旧不堪的小货运卡车,车后还安装着狗笼子,戴着一顶折价的棒球帽。

就是这样一个"乡巴佬"造就了一个财富神话。《财富》杂志从1955年开始评选世界500强企业的时候,沃尔玛还不存在。半个世纪后,沃尔玛成为雄踞世界500强榜首的零售业巨头。

萨姆·沃尔顿

1964年,沃尔玛已经拥有5家连锁店,1969年增至18家商店。沃尔玛把中小城市和大的村镇放在优先地位。经营模式是一致的:低利润、小库存、大批量进货、多在成本上下功夫并且积极利用信息工具。40年后,沃尔玛终于从美国一个小镇上的夫妻店演变成在世界各地拥有连锁店的"沃尔玛帝国"。

萨姆自幼便尝尽了生活的艰辛,在他心目中早已根深蒂固地扎下了"对每一个美元都珍重不已"的观念,他说:"我们并肩合作,这就是秘诀。我们为每一位顾客降低生活开支。我们要给世界一个机会,来看一看通过节约的方式改善所有人的生活是个什么样子。"

然而就是这样一位生活简朴的世界首富,却在1987年黑色星期一这一天,损失了10亿美元的股票市值。

1987年10月19日这一天,纽约股票交易所挂牌的1 600种股票中,只有52种股票上升,其余全部下跌。其中1 192种股票跌到了52个星期以来的最低水平,几乎所有大公司的股票均狂跌30%左右。例如,美国通用机械公司股票下跌33.1%,美国电报电话公司股票下跌29.5%,可口可乐公司股票下跌36.5%,西屋公司股票下跌45.8%,运通公司股票下跌38.8%,波音公司股票下跌24.9%。

美国共有1.78亿人拥有股票。10月19日这一天的股票下跌就使股票持有人的财产骤减5 000多亿美元,损失惨重者不计其数。而整个第一次世界大战中直接毁于战争的财富价值也不过360亿美元。

除了世界首富萨姆·沃尔顿之外,当时世界上最年轻的亿万富翁,31岁的比尔·盖茨损失了9.43亿美元。还有不少富人的损失在1亿美元以上。最惨的要数那些靠自己多年积存的血汗钱投资于股票的普通百姓。

这次股市崩溃震动了整个金融界,并在全世界股票市场引起连锁反应。伦敦、东京、香港、法兰克福、巴黎、阿姆斯特丹、悉尼、多伦多和墨西哥城的股票市场也先后发生恐慌性抛售,引起股价暴跌。

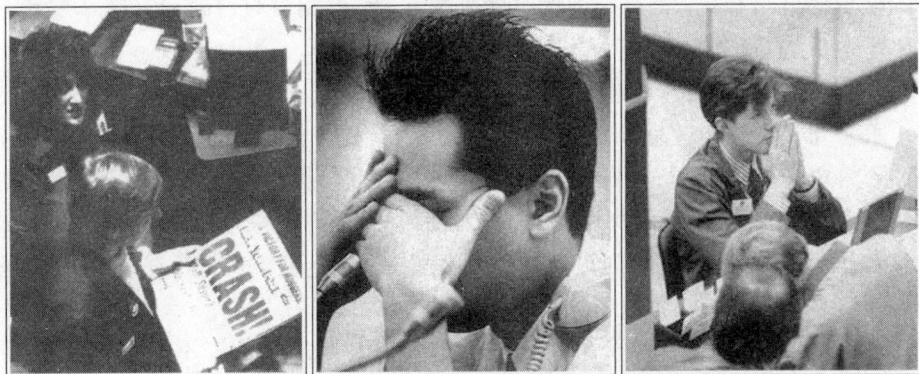

左:伦敦股票市场强烈感受到这场滑坡的威力。"崩盘"在报纸上成了触目惊心的大标题
中:东京地区强烈感受到这一冲击波　　右:伦敦地区强烈感受到这一冲击波

伦敦:《金融时报》100 种股票平均指数一天暴跌 249.6 点,跌幅为 10.8%,降至 2 032.6 点,转眼损失高达 500 亿英镑,相当于伦敦股市总值的 10%。

东京:225 种日经股票下跌 3 836 点,跌幅达 14.9%创下跌市的历史记录。

巴黎:股票交易所指数下跌 10%。

香港:联合交易所内的股票暴跌 420.81 点,交易额达 4 万亿港元。香港股市不得不停业四天。

法兰克福:商业银行的 60 种股票指数出现大幅度的下跌,跌了 132.5 点,降至 1 744 1 点,跌幅达 7.6%。

处变不惊的格林斯潘

上任伊始　预感危机

格林斯潘上任后的两个月零八天,就碰上了美联储主席任期内迄今为止最严重的一次危机:1987 年 10 月 19 日的"黑色星期一"。

格林斯潘担任美联储主席不过几周,即感到经济日趋过热。美国经济扩展已持续了 56 个月。道·琼斯指数首次突破 2 000 点大关。1987 年 8 月 25 日,又创2 747 点新高。和所有经济繁荣后期时的情况一样,经济开始出现摇摆

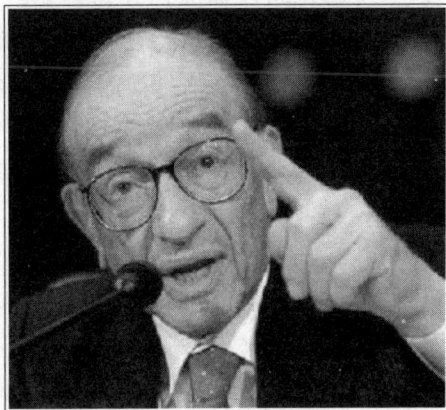

格林斯潘

不定和失衡现象。格林斯潘担心,新的一轮通货膨胀正在酝酿中。

1987 年 9 月 4 日,格林斯潘就职后仅 24 天就将贴现率提高了 0.5 个百分点。新的贴现率升至 6%。格林斯潘此举明确显示,他有能力对付时局并暗示股市,他将坚定地反通货膨胀。

不祥的经济征兆越来越多。

商业部的一份报告指出,1987 年 8 月份美国的贸易赤字创下新记录,高达 157 亿美元。与此同时,美国财政部长贝克正与联邦德国就经济政策问题争吵不休。美国进口因此受到影响。联邦政府巨大的预算赤字是让人一直提心吊胆的又一因素。美国财政部为期 30 年的国库券收益率两年来首次攀升至 10%。而格林斯潘就任时,该收益率为 8.8%。

1987 年 10 月 12 日是个星期一。从这一天开始的一周惨不忍睹。股票市场总共跌了 235 点,美国公司的股票价值折损了 3 000 亿美元。仅星期五一天,股票就下跌了 108 点,结束了悲惨的一周。美国股票交易市场响起收盘的铃声后,交易大厅里的一位经纪人高叫:“世界末日到了!”

周末股票市场停止营业。经纪人因而有 48 个小时的时间为自己遭受的损失而苦恼。他们越来越担心,下个星期一情况可能会更糟。

黑色星期一　股市崩溃

1987 年 10 月 19 日是黑色星期一。这一天来势之凶猛犹如一场暴风雨。早在华尔街开盘铃响前,东京和伦敦股票市场暴跌的消息已经传来。一股抛售狂潮席卷了纽约股票交易市场,各家公司股票直线下跌。

中午,格林斯潘召开了一次电话会议,与在华盛顿的各位董事以及各区域美联储银行行长讨论局势。他原定于当天飞到达拉斯市,在美国银行家协会的年会上发表演说。这将是他就任美联储主席以来的首次公开演讲。格林斯潘强烈认为,他应按原计划前往达拉斯市。因为他深知,面对一场日趋恶化的金融危机,让外界感到他的镇静自若至关重要。

下午 1 时 45 分格林斯潘动身前往达拉斯时,道·琼斯指数下跌了 200 点。他于 17 时 45 分抵达达拉斯。

机场上迎候他的美联储官员告诉他,收盘时道·琼斯指数下跌了 508 点。危机已一发不可收拾。

当天的股市大崩溃几乎无人能够幸免。退休金基金及其他庞大的政府机构投资人用电脑买卖股票的做法更是雪上加霜。随着股票价格全天走跌,大量股票达到投资人事先定好的触发价格。电脑马上自动启动复杂的投资战略措施,以保护投资人免遭更大的损失。电脑指令的股票交易一波接着一波接踵而至,令股市不堪重负,抛售风愈演愈烈。

以史为鉴　沉着应对

格林斯潘担心的远不止股票市场。股市即使跌 508 点并不一定意味着灾难不可避免。投资人无非是赔了血本而已，有些不过是账面上的损失。股市总有反弹回来的一天。

一旦信贷市场停止周转，各家银行因为担心收不回贷款而停止放贷，问题就严重了。银行拒绝发放贷款必然造成恐慌。无论借贷人信誉是好是坏，银行不分青红皂白一律不予贷款。破产的商家如雪球一般越滚越大。这才是导致经济崩溃的连环套，而不仅仅是股市的崩溃。

1929 年的危机，美联储错就错在这里。毫无疑问，股市的崩溃是一场灾难。但为害最久的恶果还是美联储自己造成的。它提高了利率，导致信贷流通受阻。20 世纪 30 年代初期，几位任职时间很短的美联储主席接二连三失误，结果股市的崩溃演变成为一场经济大萧条。

10 月 19 日星期一晚上，格林斯潘与他的同事商讨对策时，对前车之鉴了如指掌。他们讨论的中心问题是美联储是否应当出面发表一个声明，保证向市场提供必要的流动资金。有人反对，担心这也许会加重危机。赞成的人则主张发表一个冗长的专业性很强的文件。格林斯潘的意见起了决定性的作用。他感到发表这样一个声明是绝对必要的，而且声明应当简明扼要。

格林斯潘大约凌晨 1 点上床就寝，美美地睡了 5 个小时。

与格林斯潘一同处理过这次危机的人莫不佩服他处变不惊的本领，甚至觉得他平静得有点怕人。上任刚刚几周，股市就发生了崩溃。格林斯潘的安详可能显得有点怪，其实这恰恰反映了他的性格。格林斯潘生性恬静，谨言慎行。在这次危机期间，除了性格外，他的年龄、阅历和对经济史的了解也帮了他的忙。

发表声明　化解危机

星期二早上，他搭乘美国空军提供的一架飞机返回华盛顿。

同一天上午，股市开盘前大约 1 小时，新闻社播发了格林斯潘及其同事起草的声明："美国联邦储备委员会今天证实，作为国家央行，它将履行自己的一贯职责，提供流动资金以支撑经济和金融体系。"

美联储向各家银行示意，资金的流动是不成问题的，而且它愿意投放更多的货币。从理论上讲，这会增加向经纪公司和其他商家提供的贷款额。这些公司因星期一股票暴跌 508 点而遭受重创。新贷款可以使上述公司一直维持到股市反弹回来。这步棋同 1929 年中央银行在紧急关头收紧信贷的步骤刚好相反。

贝克财长的助手争分夺秒地给企业界巨头们挨个拨打电话，唯恐他们中的某位漏掉了这条消息。"定心丸"立刻奏效。两家主要商业银行随即宣布降低优惠利率。中央银行的承诺，使那些在华尔街股市挂牌的许多企业重树信心。

此后，华尔街的道指出现明显反弹，与此同时，伦敦、东京的股市也都有所起色。

黑色星期一过去仅两周，股市差不多已恢复了正常。格林斯潘因这次他对股市崩溃的处理博得广泛赞誉。

里根总统的再三申明

1987 年 10 月 19 日出现黑色星期一的股市崩溃后，美国政府对股市崩溃及时作出了反应，并采取了必要的对策。里根总统在股市崩溃后立即声称这次股市暴跌与美国经济没有联系，再三说明美国经济目前是"健康的"、"稳定的"。

10 月 19 日晚上，美国总统里根立即召回在联邦德国访问的财政部长贝克和在外地的美联储主席格林斯潘，严密关注事态的发展，一起商讨对策；纽约股票交易所主席约翰·费兰声称，但愿这种情况不要继续下去，其他有关的官员也纷纷发表讲话稳定市场情绪。

星期二早上，银行纷纷停止对专业经纪商和交易员提供信用，银行担心他们会破产而收不回贷款，而专业经纪商已没有足够的现金向交易所支付保证金以维持交易畅通，因为他们在星期一为了阻止股票下跌而买进了过量的股票。专业经纪商因此而陷入了流动性困境，他们没有现金参与星期二的交易。

里根总统

在这个关键的时刻，美国联邦储备委员会主席发表了具有历史意义的讲话，支持银行为股票交易商继续发放贷款：联邦储备委员会立即向银行系统注入资金。银行家信托公司也表示在任何情况下都会保证客户的资金需要。联邦储备委员会的承诺使那些在交易所挂牌的上市公司略微恢复了信心。

里根总统和财政部长贝克分别表示，这次股市崩盘与美国健康的经济是不相称的，美国经济非常稳定。随后，美国的各大商业银行纷纷降低利率。在美国政府采取了一系列稳定市场的措施之后，10 月 20 日，股票指数上升了 102.27 点，10 月 21 日比 20 日又回升了 186.94 点，但 10 月 22 日收盘价比 21 日下降了 77.42 点。

局势虽已得到控制，但还可能出现较大的波动，于是 10 月 22 日下午纽约股票交易所决定，从 10 月 23 日到 10 月 27 日每天缩短两小时交易时间。

10 月 23 日，里根总统宣布开始与国会两党领袖就削减联邦财政预算赤字问题谈判,宣布1987年财政年度联邦财政赤字削减230亿美元。美国财政部长贝克还宣称,宁可冒美元汇率下跌的风险也要避免经济衰退,并声言,允许美元汇率有控制地下跌,等等。

　　10月26日,股市跌风再起,纽约道·琼斯工业平均指数跌了162.13点,跌到1 788.63点,这就是第二个"黑色星期一"。11月2日,道指重上2 000点,11月9日又跌至1 900.02点。此后,股市逐渐趋于稳定。

第八章

1992年欧洲货币危机

从 1992 年 9 月中旬开始到 1993 年,欧洲货币市场上发生了一场第二次世界大战后最严重的货币危机,欧洲货币体系的成员国几乎无一幸免地被卷入货币贬值的狂潮之中,英镑、意大利里拉汇价狂跌不止,不得不宣布退出欧洲货币体系。

英镑兑美元日线图(1992～1993)

这次货币危机源自德国的货币政策。德国东西部统一之后,财政出现了巨大赤字,德国政府担心由此引起通货膨胀,不顾七国首脑会议的要求而提高利率。对德国利率提高首先作出反应的是芬兰,芬兰马克与德国马克自动挂钩,德国利率提高,芬兰人纷纷把芬兰马克换成德国马克,芬兰马克供给增加,到 9 月份芬兰马克对德国马克的汇率持续下跌,芬兰中央银行为维持芬兰马克汇率虽然大量抛售德国马克回购芬兰马克,但芬兰马克仍下跌不止,芬兰政府不得不宣布芬兰马克与德国马克脱钩,自由浮动。芬兰马克与德国马克脱钩便成为欧洲货币危机的导火线。

英法两国政府曾建议德国政府降低利率,但德国拒绝了英、法的建议,货币市场的投机者闻讯,便抛售欧洲货币体系的软货币意大利里拉抢购德国马克,使意大利里拉一连跌破三道防线,并跌到欧洲货币体系汇率机制的最低线。英国英镑随后受到同样的攻击,1992 年 9 月 19 日也跌过最低线,尽管一天内两次提高利率,仍止不住抛售英镑的浪潮,英国政府不得不宣布暂时退出欧洲汇率机制。意大利也宣告了退出决定。1992 年 9 月中旬至 23 日两周中投机者对法国法郎投机最为猖獗,对英镑、意大利里拉及西班牙比塞塔投机也相当严重,曾迫使英、法政府暂时停止外汇交易。

在欧洲货币危机中,一个关键问题是法国法郎。保卫法国法郎留在欧洲货币体系汇率机制内等于加强德国马克的地位,挽救欧洲货币体系。在德国和法国联合干预外汇市场情况下,特别是 9 月 20 日法国公民投票通过《马斯特里赫特条约》,才使这场货币危机停息下来。

德国央行行长施莱辛格

欧洲货币体系

欧洲货币体系于 1978 年 12 月 5 日欧洲理事会决定创建,1979 年 3 月 13 日正式成立,其实质是一个固定的可调整的汇率制度。其运行机制有两个基本要素:

1. 货币篮子:欧洲货币单位(ECU) 欧洲货币单位是当时欧共体十二个成员国货币共同组成的一篮子货币,各成员国货币在其中所占的比重大小是由他们各自的经济实力决定的。

2. 格子体系:汇率制度 欧洲货币体系的汇率制度以欧洲货币单位为中心,让成员国的货币与欧洲货币单位挂钩,然后再通过欧洲货币单位使成员国的货币确定双边固定汇率。这种汇率制度被称之为格子体系或平价网。

欧洲货币危机起因

事实上,欧洲货币单位确定的本身就孕育着一定的矛盾。欧共体成员国的实力不是固定不变的,一旦变化到一定程度,就要求对各成员国货币的权数进行调整。虽规定每隔五年权数变动一次,但若未能及时发现实力的变化或者发现了未能及时调整,通过市场自发地进行调整就会使欧洲货币体系暴发危机。

1992 年 9 月中旬在欧洲货币市场上发生的一场自第二次世界大战后最严重的货币危机,其根本原因就是德国实力的增强打破了欧共体内部力量的均衡。

欧洲货币

　　当时德国经济实力因东西德统一而大大增强,尽管德国马克在欧洲货币单位中用马克表示的份额不变,但由于马克对美元汇率升高,马克在欧洲货币单位中的相对份额也不断提高。因为欧洲货币单位是欧共体成员国商品劳务交往和资本流动的记账单位,马克价值的变化或者说德国货币政策不仅能左右德国的宏观经济,而且对欧共体其他成员的宏观经济也会产生更大的影响。

　　而英国和意大利经济则一直不景气,增长缓慢,失业增加,他们需要实行低利率政策,以降低企业借款成本,让企业增加投资,扩大就业,增加产量,并刺激居民消费以振作经济。但当时德国在东西部统一后,财政上出现了巨额赤字,政府担心由此引发通货膨胀,引起习惯于低通货膨胀的德国人不满,暴发政治和社会问题。因此,通货膨胀率仅为 3.5% 的德国非但拒绝了七国首脑会议要求其降息的要求,反而在 1992 年 7 月把贴现率升为 8.75% 。这样,过高的德国利率引起了外汇市场出现抛售英镑、里拉而抢购马克的风潮,致使里拉和英镑汇率大跌,这是 1992 年欧洲货币危机的直接原因。

施莱辛格的强硬态度

1992年9月5日和6日,欧盟各成员国在英国西南部的温泉城市巴兹举行会议对汇率问题进行讨论,寻求解决方案。德国坚持认为应该调整中心汇率体系,但其他成员国认为调整中心汇率体系有损欧洲汇率机制的稳定性,会使20世纪80年代后期以来建立起来的良好形象和在投资者心目中的信任毁于一旦,因而一再要求德国降低利率,使欧洲汇率机制能够得以维持。但德国从自身利益出发,断然否决了这一建议。

当时有媒体报道:在会议召开期间,英国财政大臣诺曼·拉蒙特再次要求德国央行行长赫尔莫·施莱辛格降低利率,施莱辛格强忍住心中的怒气回绝了这一请求。当拉蒙特继续向他施加压力时,施莱辛格一反常态,猛然从座位上站起,准备离开会场。在德国财长威格的劝阻下,施莱辛格才留下来继续参加会议。威格同样感到非常厌倦,他对英国财政大臣说道:"我亲爱的拉蒙特,你已经就同一问题问我们四次了,每次我们都给你同样的回答。我们不希望在这一问题上继续浪费时间。如果你再次提起这个问题,我们马上乘直升机回家。"会议没有取得进展,不欢而散。

为时已晚的让步

德国央行行长施莱辛格在9月11日公开宣布,德国绝不会降低利率。货币市场的投机者获得这个消息后就把投机的目标肆无忌惮地转向不断坚挺的德国马克。9月12日,欧洲货币体系内一直是软货币的意大利里拉汇率跌到了欧洲货币体系汇率机制中里拉对马克汇率的最大下限。9月13日意政府不得不宣布里拉贬值,将其比价下调3.5%,而欧洲货币体系的另外10种货币将升值3.5%,这是自1987年1月12日以来欧洲货币体系比价的第一次调整。

到了此时,德国政府才出于维持欧洲货币体系的运行而作出细微的让步,于9月14日正式宣布贴现率降低半个百分点,由8.75%降到8.25%,这是德国五年来的第一次降息。德国的这一举动受到美英法的高度赞赏,但为时过晚,一场更大的风暴在英国的外汇市场上刮起。

打垮英格兰银行的投机者

1992~1993年的欧洲金融风波接连暴发,英镑和意大利里拉被迫退出欧洲汇率机制。欧洲货币危机出现在欧洲经济货币一体化进程中,其深层次原因是欧盟各成员国货币政策的不协调,从而从根本上违背了联合浮动汇率制的要求,而宏观经济政策的不协调又与欧盟内部各成员国经济发展的差异紧密相连。提起这次货币危机,不得不提到一个重要人物,他就是世界投机大师——乔治·索罗斯。

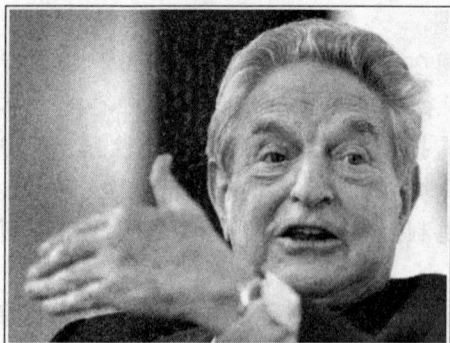

乔治·索罗斯

伺机而动

1992 年，索罗斯抓住时机，成功地狙击英镑。这一石破天惊之举，使得惯于隐于幕后的他突然聚焦于世界公众面前，成为世界闻名的投机大师。

英镑在 200 年来一直是世界的主要货币，原来采取金本位制与黄金挂钩时，英镑在世界金融市场占据着极为重要的地位。只是第一次世界大战以及 1929 年的股市大崩溃，才迫使英国政府放弃了金本位制而采取浮动制，英镑在世界市场的地位不断下降。而作为保障市场稳定的重要机构——英格兰银行，是英国金融体制的强大支柱，具有极为丰富的市场经验和强大的实力。从未有人胆敢对抗这一国家的金融体制，甚至想都未敢想过。

索罗斯却决定做一件前人未做过的事，摇撼一下大不列颠这棵号称坚挺的大树，试一试它到底有多么强大的力量。但索罗斯并不是一个容易冲动的人，他不会拿投资人的钱去做无谓的冒险，他在不断地寻找机会。

随着 1989 年 11 月柏林墙的轰然倒下，许多人认为一个新的、统一的德国将会迅速崛起和繁荣。但索罗斯经过冷静的分析，却认为新德国由于需要重建原东部地区，必将经历一段经济困难时期，德国将会更加关注自己的经济问题，而无暇帮助其他欧洲国家渡过经济难关，这将对其他欧洲国家的经济及货币带来深远的影响。

在 1990 年，英国加入西欧国家创立的新货币体系——欧洲汇率体系（简称 ERM）。索罗斯认为英国犯了一个决定性的错误。因为欧洲汇率体系将使西欧各国的货币不再盯住黄金或美元，而是相互盯住；每一种货币只允许在一定的汇率范围内浮动，一旦超出了规定的汇率浮动范围，各成员国的中央银行就有责任通过买卖本国货币进行市场干预，使该国货币汇率稳定在规定的范围之内；在规定的汇率浮动范围内，成员国的货币可以相对于其他成员国的货币进行浮动，而以德国马克为核心。早在英国加入欧洲汇率体系之前，英镑与德国马克的汇率已稳定在 1 英镑兑换 2.95 马克的汇率水平。但英国当时经济衰退，以维持如此高的汇率作为条件加入欧洲汇率体系，对英国来说，其代价是极其昂贵的。一方面，将导致英国对德国的依赖，不能为解决自己的经济问题而大胆行事，比如，何时提高或降低利率、为保护本国经济利益而促使本国货币贬值；另一方面，英国中央银行是否有足够的能力维持其高汇率也值得怀疑。

特别是在 1992 年 2 月 7 日，欧盟十二个成员国签订了《马斯特里赫特条约》。这一条约显然使一些欧洲货币如英镑、意大利里拉等被高估，其各自中央银行都将面临巨大的降息或贬值压力，在有关经济政策方面，它们和经济实力雄厚的德国难以保持协调一致。

一旦这些国家市场发生动荡，它们无力抵御时，作为核心国的德国会牺牲自己的国家利益来帮助这些国家吗？

索罗斯早在《马斯特里赫特条约》签订之时已预见到欧洲汇率体系将会由于各国的经济实力以及各自的国家利益而很难保持协调一致。一旦构成欧洲汇率体系的一些"链条"出现松动，像他这样的投机者便会乘虚而入，对这些松动的"链条"发起进攻。当这些投机资本出手的时候，就会使汇率摇摆不定。最终，只要德国马克坚持不贬值，强弱货币的利率套利就会比市场容量大得多，直到整个体制被摧毁。

洞察真相

果然，在《马斯特里赫特务约》签订不到一年的时间里，一些欧洲国家很难协调各自的经济政策。当时，英国经济长期不景气，正陷于重重困难，故此不可能维持高利率的政策；要想刺激本国经济发展，唯一可行的方法就是降低利率，让英镑贬值，刺激出口，但英国政府却受到欧洲汇率体系的限制，必须勉力维持英镑对马克的汇价在1：2.95左右。但假如德国的利率不下调，英国单方面下调利率，将会削弱英镑，进而迫使英国退出欧洲汇率体系。

随着时间的推移，英国政府维持高利率的经济政策受到越来越大的压力，它请求德国联邦银行降低利率，但德国联邦银行却担心降息会导致国内的通货膨胀并有可能引发经济崩溃，拒绝了英国降息的请求。

英国经济日益衰退，英国政府需要贬值英镑，刺激出口，但英国政府却受到欧洲汇率体系的限制，必须勉力维持英镑对马克的汇价。英国政府的高利率政策受到许多金融专家的质疑，国内的商界领袖也强烈要求降低利率。

1992年夏季，英国的首相梅杰和财政大臣虽然在各种公开场合一再重申坚持现有政策不变，英国有能力将英镑留在欧洲汇率体系内。

外汇市场上英镑对马克的比价在不断地下跌，从2.95跌至2.85，又从2.85跌至2.7964。英国政府为了防止投机者使英镑对马克的比价低于欧洲汇率体系中所规定的下限2.7780，下令英格兰银行购入33亿英镑来干预市场。但政府的干预并未产生好的预期，这使得索罗斯更加坚信自己以前的判断，他决定在危机凸现时出击。

果断出击

1992年9月，投机者开始进攻欧洲汇率体系中那些疲软的货币，其中包括英镑、意大利里拉等。索罗斯及一些长期进行套汇经营的共同基金和跨国公司在市场上抛售疲软的欧洲货币,使得这些国家的中央银行不得不拆借巨资来支持各自的货币价值。

英国政府计划从世界银行等国际组织借入资金用来阻止英镑继续贬值,但这犹如杯水车薪。仅索罗斯一人在这场与英国政府的较量中就动用了100亿美元。索罗斯在这场天量级的豪赌中抛售了70亿美元的英镑,购入60亿美元坚挺的货币——马克,同时,索罗斯考虑到一个国家货币的贬值(升值)通常会导致该国股市的上涨(下跌),又购入价值5亿美元的英国股票,并卖出巨额的德国股票。

如果只是索罗斯一个人与英国较量,英国政府也许还有一丝希望,但世界许多投机者的参与使得较量的双方力量悬殊,注定了英国政府的失败。

索罗斯是这场"赌局"中最大的赌家。其他人在作出亿万资金的投资决策时也许心惊肉跳,寝食难安,但这从来不是索罗斯的风格,他在进行高风险、大手笔的决策时,凭借的是他超人的胆略和钢铁一般的意志,他能处之泰然,好像置身于事外。

危机爆发

下完赌注,索罗斯开始耐心等待。1992年9月中旬,危机终于爆发。市场上到处流传着意大利里拉即将贬值的谣言,里拉的抛盘大量涌出。

9月13日,意大利里拉贬值7%,虽然仍在欧洲汇率体系限定的浮动范围内,但情况看起来却很悲观。这使索罗斯有充足的理由相信欧洲汇率体系的一些成员国最终将不会允许欧洲汇率体系来决定本国货币的价值,这些国家将退出欧洲汇率体系。

1992年9月15日,索罗斯决定在外汇市场上大量抛售英镑。英镑对马克的比价一路下跌至1:2.80,虽有消息说英格兰银行购入30亿英镑,但仍未能挡住英镑的跌势。到傍晚收市时,英镑对马克的比价差不多已跌至欧洲汇率体系规定的下限。英镑已处于退出欧洲汇率体系的边缘。

英国财政大臣采取了各种措施来应付这场危机。首先,他再一次请求德国降低利率,但德国再一次拒绝了;无奈,他请求首相将本国利率上调2%~12%,希望通过高利率来吸引货币的回流。一天之中,英格兰银行两次提高利率,利率已高达15%,但仍收效甚微,英镑的汇率还是未能站在2.778马克的最低限上。

最大赢家

在这场捍卫英镑的行动中,英国政府动用了价值269亿美元的外汇储备,但最终还是遭受惨败,被迫退出欧洲汇率体系。英国人把1992年9月15日——退出欧洲汇率体系的日子称做"黑色星期三"。

随后,意大利和西班牙也纷纷宣布退出欧洲汇率体系。意大利里拉和西班牙比塞塔开始大幅度贬值。

但作为与英国政府较量的另一方面——索罗斯却是这场袭击英镑行动中最大的赢家，索罗斯从英镑空头交易中获利已接近10亿美元，在英国、法国和德国的利率期货上的多头和意大利里拉上的空头交易使他的总利润高达20亿美元，在这一年，索罗斯的基金增长了67.5%。他个人也因净赚6.5亿美元而荣登《金融世界》杂志的华尔街收入排名表的榜首。

索罗斯也因此被《经济学家》杂志称为"打垮了英格兰银行的人"。

英国财政大臣诺曼·拉蒙特

早年经历

1990年，诺曼·拉蒙特成为了英国中央银行的领头人，这一年他48岁。他的职衔是"财政大臣"，也就是中央银行行长。这种职位要求其具有很强的背景，就此而言，他是非常适合的。诺曼·拉蒙特出身于一个显赫的家庭，从剑桥大学毕业之后，就在伦敦工作，曾经担任过罗斯柴尔德资产管理公司的主管。他还当选过议会的议员，并且曾经在能源部、工业部和国防部等多个部门任职。

拉蒙特出任中央银行行长这个新的职位，尽管报酬丰厚，但也承担着很重的责任，经常需要处理一些重大的问题，甚至有可能是极为重大的问题。实际上，在1992年9月之前，他已经面临一个非常重大的问题。

遭遇难题

在《马斯特里赫特条约》签订不到一年的时间内，很多欧洲国家手忙脚乱，很难踏准欧盟的经济节拍。尤其是英国，更是困难重重。与英国对比，德国由于投资过热，而实施银根紧缩政策。英国不得不勉强维持英镑对马克的汇价。

德国的高利率，导致外汇市场上出现抛售英镑、里拉，抢购马克的现象，里拉和英镑的汇率大跌。虽然英国首相梅杰一再申明英国将信守英镑价值，但更多的人已失去信心，认为这不过是英国政府掩盖公众恐慌的噱头。

底气不足

由于当时在是否退出欧洲货币体系和英镑贬值方面面临两难处境，时任英国财政大臣诺曼·拉蒙特不止一次代表英国政府表态，英国政府不会出尔反尔，一定履行加入欧洲货币体系的承诺。1992年8月26日，拉蒙特在英国财政部对记者再次表述决心，表示英镑不可能贬值，英国对汇率机制负有绝对义务。但拉蒙特表面镇静，内心却极为不安。在当天的现场，拉蒙特讲话时在45秒内眨眼64次，而正常人每分钟眨眼不过6～8次。这个细节被记者们发现，英国政府的底气不足则被国际投机者窥破，拉蒙特的心虚随即成为更多人竞相卖出英镑的理由和依据。在随后的9月份，持有英镑的人们被恐慌笼罩，终于迎来了英镑汇率的大崩溃。

约翰·梅杰

9月15日，也就是德国宣布降息的第二天，英镑汇率一路下跌，英镑与马克的比价冲破了三道防线达到1英镑等于2.78马克。英镑的狂跌使英国政府乱了阵脚，于16日清晨宣布提高银行利率两个百分点，几小时后又宣布提高3个百分点，把利率由10%提高到15%。一天两次提高利率在英国近代史上是绝无仅有的。英国作出这种反常之举的目的是要吸引国外短期资本流入，增加对英镑的需求以稳定英镑的汇率。但是，市场的变化是微妙的，一旦信心动摇，大势已去，汇率变动趋势就难以遏阻了。

宣布失败

从1992年9月15日到16日，各国央行注入上百亿英镑的资金支持英镑，但也无济于事。16日英镑与马克的比价又由前一天的1英镑等于2.78马克跌至1英镑等于2.64马克，英镑与美元的比价也跌到1英镑等于1.738美元的最低水平。在一切机关用尽之后，英镑保卫战最终一败涂地。

1992年9月16日，英国认输。英国首相约翰·梅杰召集内阁，大家一致同意英国退出欧洲汇率机制。意大利明确表示会紧随其后。

当天下午，宣布的时刻最终来临。诺曼·拉蒙特出现在镜头前面，承认自己被打败。他看起来筋疲力尽，面容憔悴。《经济学人》杂志称他为"不幸的"。他将手放在背后，好像自己是一个双手被绑着的囚犯。

拉蒙特勉强挤出了一丝笑容，但只持续了短短的一秒。他用右手拨了拨挡在前额的几缕头发，然后沉重地说："今天是一个极度困难、极度动荡的一天。巨大的资金流持续地扰乱欧洲汇率机制的运作……与此同时，政府决定，只有结束我们在欧洲汇率机制中的成员国身份，才能保障英国的最佳利益。"

挣脱了欧洲货币体系的"牢笼"，英国和意大利的中央银行无须靠在"全部买入"来保卫他们的货币了。拉蒙特随即宣布降低利息率3个百分点，17日上午又把利率降低两个百分点，恢复到原来10%的水平。

风暴平息

噩梦最终因英国退出欧洲货币汇率体系而终止，对于英镑，这是实力衰弱的耻辱记忆。

意大利里拉在 13 日贬值之后，仅隔了 3 天又一次在外汇市场上处于危机之中，马克对里拉的比价再次超过了重新调整后的汇率下浮的界限，意政府为了挽救里拉下跌花了价值为 40 万亿里拉的外汇储备终未奏效，只好宣布里拉退出欧洲货币体系，让其自由浮动。

欧共体财政官员召开了长达六小时的紧急会议后宣布同意英意两国暂时脱离欧洲货币体系，西班牙比赛塔贬值 5%。从 1987 年 1 月到 1992 年 9 月，五年多时间内欧洲货币体系的汇率只进行过一次调整，而在 1992 年 9 月 13 日至 16 日，三天之内就进行了两次调整，可见这次欧洲货币危机的严重性。

1992 年，《欧洲联盟条约》在荷兰的马斯特里赫特签署，
这一条约通称"马斯特里赫特条约"，简称"马约"

直到 1992 年 9 月 20，法国公民投票通过了其中心思想是把在文化政治上仍有很大差别的国家建立成一个近似欧洲合众国的政治实体，其成员国不仅要使用同一种货币，而且还得奉行共同外交和安全政策的《马斯特里赫特条约》，才使欧洲货币风暴暂时平息下来，英镑、里拉趋向贬值后的均衡的状态。

第九章

1994 年墨西哥金融危机

　　墨西哥为了遏制通货膨胀,实行了稳定汇率的政策,即利用外资的流入来支持本已非常虚弱的本国货币,使新比索与美元的汇率基本稳定,仅在一个很窄的范围内波动。但由于外贸赤字的恶化,外国投资者信心动摇,在资本大量持续外流的压力下,1994 年 12 月 20 日,墨西哥突然宣布比索对美元汇率的波动幅度将被扩大到15%,由于经济中长期积累的矛盾,此举触发市场信心危机,结果人们纷纷抛售比索。墨政府在两天之内就失掉了 40 亿~50 亿美元的外汇储备。到 12 月 22 日,外汇储备几近枯竭,降到了少于一个月进口额的水平。1995 年初,比索贬值 30%。随后股市也应声下跌。比索大幅贬值又引起通货膨胀,为了稳定货币,墨西哥大幅提高利率,结果国内需求减少,企业大量倒闭,失业剧增。

1994 年墨西哥金融危机

　　墨西哥是美国的第三大贸易伙伴,如果墨西哥的金融危机不能够得到有效遏制,美国在墨西哥的销售额 1995 年将急剧减少,使本来贸易赤字高企的美国外贸形势更加雪上加霜。

稳定墨西哥比索有利于北美自由贸易区的稳定。北美自由贸易协定对美国的经济扩张起了积极作用,这项协定对美国的投资和出口所带来的就业岗位都起了积极作用。正因为北美自由贸易区和墨西哥金融稳定对美国经济至关重要,克林顿政府决定从美国 340 亿美元外汇稳定基金中提出 200 亿美元援助墨西哥政府,以挽救一泻千里的比索。以美国为主的 500 亿美元的国际资本成功地稳定了墨西哥金融形势。在国际援助和墨西哥政府的努力下,墨西哥的金融危机,在 1995 年以后开始缓解。

萨利纳斯的反通货膨胀计划

墨西哥总统萨利纳斯上台后,政府将汇率作为反通货膨胀的工具(即把比索盯住美元)。以盯住汇率为核心的反通货膨胀计划虽然在降低通货膨胀率方面是较为成功的,但是,由于本国货币贬值的幅度小于通货膨胀率的上升幅度,币值高估在所难免,从而会削弱本国产品的国际竞争力。据估计,如用购买力平价计算,比索的币值高估了 20%。此外,这样的反通货膨胀计划还产生了消费热,扩大了对进口商品的需求。在进口急剧增加的同时,墨西哥的出口却增长乏力。在 1989 ~ 1994 年期间,出口增长了 2.7 倍,而进口增长了 3.4 倍。结果,1989 年,墨西哥的经常项目逆差为 41 亿美元,1994 年已扩大到 289 亿美元。从理论上说,只要国际收支中资本项目能保持相应的盈余,经常项目即使出现较大的赤字,也并不说明国民经济已面临危机。问题的关键是,使资本项目保持盈余的外资不该是投机性较强的短期外国资本。而墨西哥用来弥补经常项目赤字的资本项目盈余却正是这种资本。20 世纪 80 年代末,每年流入墨西哥的间接投资净额为 50 亿美元左右,而至 1993 年,这种外资的净流入量已近 300 亿美元。据估计,在 1990 ~ 1994 年,间接投资在流入墨西哥的外资总额中的比重高达 2/3。

为了稳定外国投资者的信心,政府除了坚持比索不贬值以外,还用一种与美元挂钩的短期债券取代一种与比索挂钩的短期债券。结果,外国投资者大量卖出与比索挂钩的短期债券,购买与美元挂钩的

墨西哥总统卡洛斯·萨利纳斯

短期债券。在金融危机暴发前夕,墨西哥政府发行的短期债券已高达300亿美元,其中1995年上半年到期的就有167.6亿美元,而外汇储备则只有数十亿美元。事实表明,墨西哥政府用与美元挂钩的短期债券来稳定外国投资者信心的做法是不明智的。这种债券固然在短时间内达到了目的,使200多亿美元的短期外资留在国内,但由此而来的风险更大,因为比索价值的下跌,不管其幅度大小,都会降低间接投资的利润,从而加剧资本外流,也使短期债券市场面临更大的动荡。因此,到1994年下半年,墨西哥政府已处于一种越来越被动的局面。一方面,无法摆脱对外国间接投资和短期国债的依赖;另一方面,这两种资金来源使墨西哥经济越发脆弱,政府的回旋余地不断缩小,而金融投机者的影响力则持续增加。当政府宣布比索贬值后,金融投机者便大量抛售短期国债。

所以说,外汇储备的减少、比索的贬值是墨西哥金融危机的直接原因,而用投机性强、流动性大的短期外国资本弥补巨大的经常项目赤字,则是金融危机的深层次根源。

塞迪略总统的经济应急计划

受命于危难之时

埃内斯托·塞迪略,1951年12月出生,1967～1970年就读墨西哥理工大学获经济硕士学位。1977年在美国耶鲁大学获经济硕士学位。从1977年到1986年,曾在墨西哥总统府和国家银行进行经济调研工作。1987～1988年任墨西哥计划预算部副部长,1988～1992年,墨西哥计划预算部部长,1992年任墨西哥公共教育部部长。

1993年11月,执政的革命制度党推举社会发展部部长科洛西奥为总统候选人。当科洛西奥请塞迪略担任竞选委员会的协调员时,塞迪略欣然接受,并为此辞去了政府部长的职务。1994年3月23日,科洛西奥遇刺身亡。不久,塞迪略被革命制度党推举为总统候选人。在同年8月21日举行的大选中,塞迪略得票50.18%,居首位。同年12月1日,正式就任总统。

塞迪略受命于危难之时:1994年初暴发的恰帕斯洲武装冲突久拖未决;科洛西奥遇刺案和同年7月28日革命制度党总书记马谢乌被暗杀案迟迟不能破案;执政党内部矛盾加深,威信下降;工农业生产不景气,外贸赤字庞大,而且,由于贫困

塞迪略总统

问题加剧,社会不满情绪日增。由于政局不稳,外国投资者将资金大量撤回。

43 岁的塞迪略上任之初雄心勃勃,决心迎接挑战,克服困难。他在就职演说中勾画了今后 6 年的执政蓝图:实现经济稳定增长,与贫困作斗争,提高人民福利;实行政治改革,推进国家民主化和政治多元化;把墨西哥建成一个繁荣、民主的法制国家。

拉动金融危机导火线

正当塞迪略总统雄心勃勃地实施他的执政蓝图时,12 月 19 日,由于政府迫于比索抛售的压力,宣布比索贬值 15%,引发了一场震惊世界的墨西哥金融危机。12 月 22 日,政府宣布不再干预比索买卖,实行浮动汇率制。在短短几天内,比索跌幅达 63%,国际储备从 1994 年初的 280 亿美元减少到年底的 60 亿美元,当年外逃资金 234 亿美元,外贸逆差 280 亿美元,国际收支经常项目逆差约 297 亿美元。1995 年 1 月 10 日,墨西哥股市下跌 11%,波及纽约、拉美各国及世界其他地区的股市。

显而易见,墨西哥金融危机的“导火线”是比索贬值。而塞迪略政府之所以在上台后不久就诉诸贬值,在很大程度上是因为外汇储备不断减少,无法继续支撑 3.46 比索兑 1 美元的汇率。

危机打乱了塞迪略的整个执政部署,迫使他抛弃 1995 年经济发展的构想,实行应急经济计划,寻求国际支持。但这些措施不能立竿见影,形势没有按预期迅速好转。危机不但没有缓解,反而有所加深。

威信与地位受到影响

塞迪略执政后,虽然采取各种措施试图解决上届政府遗留的问题,树立新政府的威信,但实际上困难重重,诸如武装冲突等影响大局的问题一个也没能解决,而且出现了一些新的问题。对 12 月下旬暴发的金融危机,虽然人们普遍认为上届政府不能逃避责任,但同时也认为现政府在作出比索贬值决定上考虑欠周,措施不当,成为导致危机的直接起因,有人甚至对现政府的执政能力提出怀疑。这些因素进一步动摇了国内外投资者对墨西哥政治经济前景的信心,从而造成墨西哥金融市场继续动荡,危机不断加深。

塞迪略政府采取了包括削减公共开支、限制物价、冻结工资以防新的通货膨胀、尽快恢复经济活动等“经济应急计划”,但提高利率、限制预算赤字、实行严厉的信贷政策也迫使墨西哥付出经济衰退的代价,通货膨胀率可能再度上扬。此外,墨西哥 1995 年到期国债券 290 亿美元,其中 170 亿掌握在外国人手中,到期外债 380 亿美元,这对墨西哥的清偿能力和国际信誉是一个严峻的考验。1995 年 10 月、11 月重新出现的比索动荡,和外债问题不无关系。

墨西哥金融危机使在动荡之时上台的塞迪略政府地位削弱。危机中墨西哥政府又以石油收入担保美国提供的贷款,并接受采取衰退性经济政策。塞迪略政府的这些重大举措引起国内反对派和群众的不满,对解决政府同起义武装的冲突也产生了不利影响。

采取有效的反危机措施

金融危机给墨西哥经济造成了 700 亿美元的损失。1995 年墨西哥国内生产总值下降了 6.9%;通货膨胀率高达 52%,资本大量外流,国际储备一度减少到只有 35 亿美元,成千上万家企业倒闭,失业人数剧增。

塞迪略面临危机,沉着应付,及时地采取了各种有效措施,稳定金融市场,减轻通胀压力;对制造业、矿业、旅游业和农牧业实行特殊政策,加强创汇能力,增加出口,创造更多就业机会;实行一系列稳定社会的政策和措施,以缓和社会矛盾;注意协调同企业界和劳工界的关系;充分利用墨西哥作为北美自由贸易协定成员国的有利条件,扩大对美国和加拿大的出口。以出口为动力,促进经济的恢复和增长;积极争取外国援助。

实践证明,由于塞迪略政府采取的这些反危机措施比较得力和到位,墨西哥在不到两年的时间里,就迅速地克服了危机,使经济很快恢复增长,外资大量回流。1997 年年初,墨西哥便提前几年还清了美国所提供的全部紧急贷款。继 1996 年国内生产总值 5.2%的增长后,1997 年增长率达 7%,在拉美居第二位。1997 年流入墨西哥的外资达 180 亿美元,其中约一半是直接投资。墨西哥迅速克服危机并恢复经济增长,赢得了国际上广泛的好评。

克林顿总统的紧急援助

墨西哥金融危机爆发后,美国政府立即予以异乎寻常的关注。12 月 22 日,克林顿政府决定向墨西哥提供 60 亿美元的支持基金,1995 年 1 月 3 日又追加到 90 亿美元。

在 1 月 10 日所谓"黑色星期二"墨西哥股市一度下跌 11%后,美国国务卿表示准备向墨西哥提供 400 亿美元的政府贷款担保,支持墨西哥偿还到期的 280 亿美元短期债务和帮助投资者恢复信心。尽管这一建议得到国会两党领导人的赞同,但在国会讨论时仍遇到强大阻力。不少议员认为,对像墨西哥这样经济不稳定的国家投入如此巨额的资金风险太大。

在美国国会批准 400 亿美元政府贷款担保无望的情况下,1 月 31 日克林顿总统决定绕过国会,直接动用汇率稳定基金赋予的权力,向墨西哥提供 200 亿美元的财政援助。同时,在美国的斡旋下,西方七国在 2 月 3~4 日的多伦多会议上一致表示支持克林顿提出的一揽子援助计划,即除了美国的 200 亿美元援助外,国际货币基金组织和国际清算银行分别同意向墨西哥提供 178 亿美元和 100

亿美元的贷款。加上其他的一些支持,墨西哥可得到 500 多亿美元来稳定金融。

克林顿在进行援墨游说时曾直言不讳地说:"一个稳定繁荣的墨西哥是符合美国重要战略和经济利益的。"这是美国急于恢复墨西哥稳定的最好注释。美国这样做主要出于两点担心:

一是怕出现新的移民潮。美墨两国有 3 000 公里的共同边境。由于两国经济发展水平悬殊,每年有上百万墨西哥人越境到美国谋生,成为美国南部各州的沉重负担。这次金融危机有可能导致墨西哥新的经济衰退,从而引起更大规模的非法移民,危及美国的就业、生产和治安。

二是怕影响美国经济和打乱美国的战略部署。墨西哥是美国的第二大贸易伙伴,1994 年,两国贸易额近 800 亿美

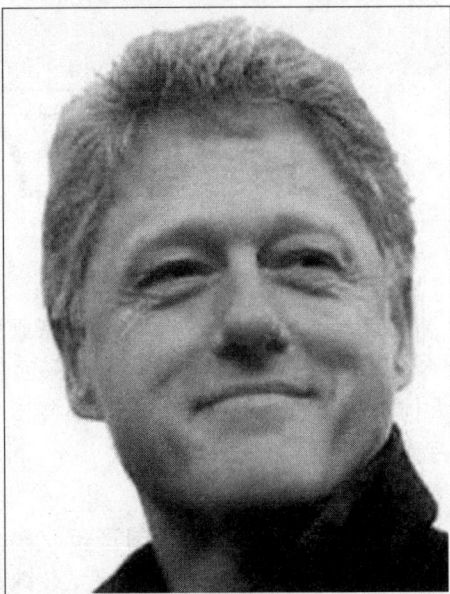

克林顿总统

元,美国对墨西哥出口约 500 亿美元,进口不到 300 亿美元,美国有约 200 亿美元的顺差。墨西哥的金融危机将影响美国的贸易和经济增长,按当时的预计,美国每年向墨西哥出口减少 100 亿~150 亿美元,美国经济的增长速度可能随之下降 0.25% ~ 0.30%。

此外,墨西哥还是美国主要投资对象。在墨西哥累计 730 亿美元的外资中,美国占 65% 以上。在这次金融动荡中,美国投资者损失近 100 亿美元。

美国人还为墨西哥金融危机在拉美引起的"多米诺效应"感到忧心忡忡。拉美是美国的后院,美国积极建立北美自由贸易区和同意在 2005 年前建成美洲自由贸易区是它全球战略的重要组成部分。墨西哥已是名副其实的联系南北美洲的纽带,墨西哥的变化有可能牵动全局,影响美国的政治、经济、安全利益。

在美国和国际社会宣布给予墨西哥财政支持后,墨西哥金融形势渐趋平缓。墨西哥实际使用的贷款是 278 亿美元(1995 年使用了 249 亿美元)。正是由于大规模的贷款支持,墨西哥政府的经济稳定计划才得以实施,并且成功化解了金融危机。

第十章

1997 年亚洲金融危机

1997 年 6 月，一场金融危机在亚洲暴发，这场危机是继 20 世纪 30 年代世界经济大危机之后，对世界经济有深远影响的又一重大事件。发展过程十分复杂，大体上可以分为三个阶段：1997 年 6 月至 12 月；1998 年 1 月至 7 月；1998 年 7 月到年底。

第一阶段

1997 年 7 月 2 日，泰国宣布放弃固定汇率制，实行浮动汇率制，引发了一场遍及东南亚的金融风暴。当天，泰铢兑换美元的汇率下降了 17%，外汇及其他金融市场一片混乱。在泰铢波动的影响下，菲律宾比索、印度尼西亚盾、马来西亚林吉特相继成为国际炒家的攻击对象。

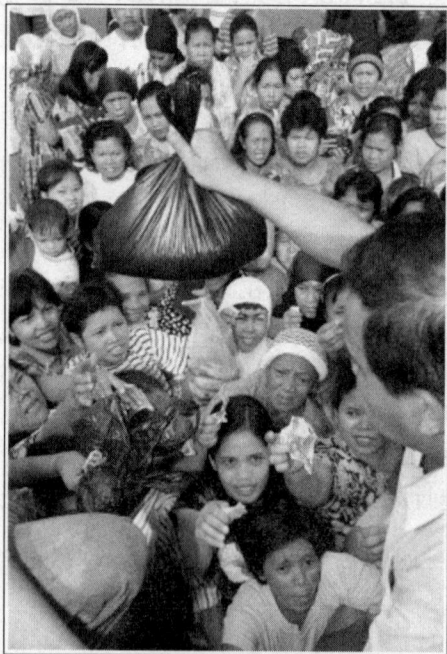

1997 年7 月2 日泰币实行
浮动汇率制，亚洲金融危机开始

8 月，马来西亚放弃保卫林吉特的努力。一向坚挺的新加坡元也受到冲击。印度尼西亚虽是受"传染"最晚的国家，但受的冲击最重。

10 月下旬，国际炒家移师国际金融中心香港，矛头直指香港联系汇率制。台湾当局突然弃守新台币汇率，一天贬值 3.46%，加大了对港币和香港股市的压力。

10 月 23 日，香港恒生指数大跌 1 211.47 点；28 日，下跌 1 621.80 点，跌破 9 000 点大关。面对国际金融炒家的猛烈进攻，香港特区政府重申不会改变现行汇率制度，恒生指数上扬，再上万点大关。

11 月中旬，东亚的韩国也暴发金融风暴，17 日，韩元对美元的汇率收于创纪录的 1 029.2∶1。21 日，韩国政府不得不向国际货币基金组织求援，暂时控制了危机。但到了 12 月 13 日，韩元对美元的汇率又降至 1 737.60：1。韩元危机也冲击了在韩国有大量投资的日本金融业。1997 年下半年日本的一系列银行和证券公司相继破产。于是,东南亚金融风暴演变为亚洲金融危机。

1997 年亚洲金融危机

1998 年初,印尼盾同美元比价跌破10 000：1

第二阶段

1998 年初,印度尼西亚金融风暴再起,面对有史以来最严重的经济衰退,国际货币基金组织为印度尼西亚开出的药方未能取得预期效果。

2月11日,印度尼西亚政府宣布将实行印度尼西亚盾与美元保持固定汇率的联系汇率制,以稳定印度尼西亚盾。此举遭到国际货币基金组织及美国与西欧的一致反对。国际货币基金组织扬言将撤回对印度尼西亚的援助。印度尼西亚陷入政治经济大危机。

2月16日,印度尼西亚盾同美元比价跌破10 000∶1。受其影响,东南亚汇市再起波澜,新元、马币、泰铢、菲律宾比索等纷纷下跌。直到4月8日印度尼西亚同国际货币基金组织就新的经济改革方案达成协议,东南亚汇市才暂告平静。

1997年暴发的东南亚金融危机使得与之关系密切的日本经济陷入困境。日元汇率从1997年6月底的115日元兑1美元跌至1998年4月初的133日元兑1美元;5、6月间,一度接近150日元兑1美元的关口。随着日元的大幅贬值,亚洲金融危机继续深化。

第三阶段

1998年8月初,乘美国股市动荡、日元汇率持续下跌之际,国际炒家对香港发动新一轮进攻。恒生指数一直跌至6 600多点。香港特区政府金融管理局动用外汇基金进入股市和期货市场,吸纳国际炒家抛售的港币,将汇市稳定在7.75港元兑换1美元的水平上。经过近一个月的苦斗,使国际炒家损失惨重,无法再次实现把香港作为"超级提款机"的企图。

国际炒家在香港失利的同时,在俄罗斯更遭惨败。俄罗斯中央银行8月17日宣布年内将卢布兑换美元汇率的浮动幅度扩大到6.0～9.5∶1,并推迟偿还外债及暂停国债交易。9月2日,卢布贬值70%,俄罗斯股市、汇市急剧下跌,引发金融危机。俄罗斯政策的突变,使得在俄罗斯股市投下巨额资金的国际炒家大伤元气,并带动了美欧国家股市和汇市的全面剧烈波动。如果说在此之前亚洲金融危机还是区域性的,那么,俄罗斯金融危机的暴发,则说明亚洲金融危机已经超出了区域性范围,具有了全球性的意义。到1998年底,俄罗斯经济仍没有摆脱困境。1999年,金融危机结束。

亚洲金融风暴的主演索罗斯

人物简介

乔治·索罗斯,这位美国的金融家经营了多个风格各异的对冲基金。其中,量子基金是最大的一个,也是全球规模较大的几个对冲基金之一。量子基金以其强大的财力和凶狠的作风,自20世纪90年代以来在国际货币市场上兴风作浪,常常对基础薄弱的货币发起攻击并屡屡得手。

从1969年建立量子基金开始,他创下了令人难以置信的业绩,以平均每年35%的综合成长率令华尔街同行望尘莫及。自1992年进攻英镑大获全胜之后,他把"猎取"目标瞄准了亚洲新兴市场。之前他还只能与单个国家展开厮杀，现在却能同时与一些国家分庭抗礼。

危机四伏

1997年，一直风平浪静的东南亚金融市场动荡不安，5月以后，外汇市场狂风大作，波涛汹涌。泰铢、菲律宾比索、马来西亚林吉特不断大幅贬值，印尼盾、新加坡元等国货币均处于四面楚歌，风雨飘摇之中。尽管有关国家的中央银行采取了种种应急措施，打击市场上兴风作浪的货币投机行为，千方百计地维护本国货值稳定，但却事与愿违，无法解脱困局。

7月2日，泰国被迫实行浮动汇率制，一天之内泰铢即狂跌20%。与此同时，眼看就要倾家荡产的泰国政府向国际货币基金组织及日本、美国等金融大户发出了紧急求救的申请，使得在泰国酝酿已久的墨西哥式的金融危机终于浮出水面。

20世纪90年代前期，当西方发达国家在衰退中苦苦煎熬，东南亚经济增长却势如破竹，令世界惊叹。

20世纪90年代中期，东南亚国家不约而同地开始了加快金融自由化步伐，以求驱动经济新一轮的快速增长，并想当然地认为，21世纪即是亚洲的世纪，而亚洲的世纪即是东南亚的世纪，世界权力的重心从此将向这个渐露雏形的地区偏移。然而，他们却忽视了一个最基本的事实，东南亚过去几十年经济发展的主要驱动力是外延投入的增加，而非单位投入产出的增长，在如此局限的增长模式基础上放宽金融管制，无疑是在沙滩上建摩天大厦，隐患重重。

对此，老谋深算的乔治·索罗斯早就看在眼里。东南亚出现了如此巨大的一个金融漏洞，自然逃不过他的掌心。他一直在等待着最后机会的到来，他要捞一大笔，创造出一个类似于击垮英格兰式的奇迹。

早在1995年，新加坡证券公司曾对亚洲七个国家经济状况作了一份研究报告，指出东南亚国家劳工素质低下、贸易收支恶化、通货膨胀上扬，正面临经济过热的危险；另一方面，这些国家又因超额生产、企业债台高筑以及缺乏高等教育和技术劳工等，将遭遇"成长性的衰退"，有可能陷入一场可怕的经济危机之中。该公司认为由于经济快速成长，东南亚企业普遍高估房地产供给、制造业的产能和公司人员规模，因此造成了"乐观的错误"。有关当局加快金融市场自由化的步伐，往往又会对"乐观的错误"推波助澜，火上浇油。国家经济运行状况突出表现为投机行为高涨，泡沫经济四处膨胀，市场被蒙蔽在一片虚假繁荣之中，从而为"金融苍蝇"创造出绝好的机会。

然而，沉浸在"奇迹"的喜悦和梦幻之中的东南亚诸国，对上述忠告置若罔闻。这一切，使得索罗斯在心中暗暗高兴。

玩火自焚

早在 1992 年,泰国的经济界人士,特别是金融界人士,就不知从何处冒出了一个奇怪的念头,以为曼谷应取代中国的香港,成为东南亚地区的金融中心,成为第二个香港。在这种不切实际的想法的推动和刺激下,泰国政府一相情愿地对外国资本敞开了金融市场的大门。

果然,外国银行带来了大量低息美元贷款,泰国金融业大尝了甜头,并开始对诸如房地产等基础产业产生了浓厚的兴趣,许多银行一窝蜂似地把近 30% 的贷款投向了房地产业,使房地产业盲目发展,供求严重失衡。随之而来的房地产市场低迷不振使得银行呆账、坏账激增,贷款难以收回,资产质量严重恶化。

援引泰国有关方面资料,截至 1997 年 6 月底,泰国金融机构所有的风险债权数额为 4 860 亿铢,为贷款总额的 31.5%。更有人估计,泰国金融业坏账高达 8 000 亿到 9 000 亿泰铢(约合 310 亿 ~ 350 亿美元)。肆意挥霍低息资本,巨额赤字极易引发金融危机。1996 年泰国所需项目逆差已相当于国内生产总值的 8.2%,而 1994 年墨西哥爆发金融债务危机也只不过为 7.8%。

泰国正在玩火自焚,索罗斯向部下发出了信息。从 1997 年初开始,泰国房地产泡沫开始失去了光泽,并很快趋于破灭,外国投资者偷鸡不成反蚀一把米,便纷纷抛售泰铢。索罗斯一见时机已到,便浑水摸鱼,亲率国际金融投机大户,集中全力进攻建立在沙滩上的泰铢堡垒。一时间,泰国金融阵地岌岌可危,硝烟弥漫,波及到整个东南亚金融市场。

暗藏巨手

进入 20 世纪 90 年代,国际金融市场风暴迭起,危机四伏。经济学家们均认为国际金融市场周围游荡着一只看不见、摸不着但又十分明显地能感觉到的"巨手",经济学家给它冠以了一个比较通俗化的术语:热钱。

据国际货币基金组织的粗略统计,当时在国际金融市场上流动的短期银行存款和其他短期证券至少有 7.2 万亿美元,并且有与日俱增的趋势。世界经济一体化的发展,使巨额热钱的全球快速流动成为可能。要调动巨额资金甚至只需打个电话或敲下键盘,天大的交易即可成交,相反,为规避风险,资金的撤离也是轻而易举之事。自从 1992 年索罗斯将英镑打得一败涂地,1994 年又在墨西哥果断出击,把这个中美洲最大的国家弄到了要砸锅卖铁的地步。在索罗斯的率领下,国际金融市场上的热钱犹如脱缰的野马横冲直撞,难以捉摸。当某一地区资本收益率可观时,热钱便会蜂拥而至,一有风吹草动,尤其是达到了目的后,便又会风卷残云般消失得无影无踪。

小试牛刀

1997 年 7 月 25 日,咆哮如雷的马来西亚总理马哈蒂尔大骂乔治·索罗斯是东南亚货币受投机者狙击从而大幅贬值的幕后"黑手"。各种迹象显示,这位西方金融市场"传奇人物"自 1992 年狂沽英镑大获全胜之后,早把"猎取"目标瞄准了亚洲新兴市场,伺机下手。1993 年这伙掌管套头交易基金组织的经理们在马来西亚"小试牛刀",初露锋芒。当时,投资者普遍认为马来西亚货币林吉特的市值被低估,看来必涨无疑,于是在索罗斯的号召下,国际热钱开始围剿林吉特,可是马哈蒂尔却偏不买索罗斯的账,坚决捍卫低市值的林吉特,马哈蒂尔和索罗斯各自统帅一方,在金融市场上展开了一场激烈厮杀。1994 年 1 月,马哈蒂尔下令加强了对资本市场的控制,索罗斯一看机会无多,只得率领投机大户全线撤退,以备再战。

转眼又过了两年,东南亚国家经济暴涨,繁荣日趋明显。由于通货膨胀节节上扬,景气过热的威胁不断加重,东南亚国家利率在各国中央银行引导下水涨船高,不断攀升,此举虽可减缓通货膨胀上升的压力,但也因此吸引大批热钱涌入套利,为索罗斯等人出兵再战,创造了新的机会。

花旗银行曼谷分行一位高级主管指出,泰国银行业者每天经手的海外套利热钱金额高达 20 亿~30 亿美元。此外,由于有利可图,银行业者本身也大肆从海外借入利率比泰铢、林吉特等货币低上 3~5 个百分点的美元、日元和马克,然后出售这些货币,赚取利差。据统计,泰国各商业银行的海外借款总额已逾 1 万亿美元,其中 95% 属于不到一年的短期借贷。据新加坡外汇市场的消息,在东南亚各地外汇市场上,亚洲货币远期外汇市场每日交易总值约达 60 亿美元,其中泰铢成交量增长最快。

1997 年 2 月,国际货币基金组织发出了警告,在墨西哥金融危机发生仅两年之后,大量的热钱正在以创纪录的步伐注入亚洲等新兴市场,"不理性的热烈情绪"正在这些市场广泛出现,这种现象可能会导致令人痛苦不堪的大幅震荡。然而,警告的声音没有被各国重视,这就使得索罗斯最后下定决心,要在东南亚以一个人的力量对抗国家集团的力量。

面对各国货币市场投机盛行,东南亚各国中央银行对市值的变化率一直犹豫不决,尤其担心热钱像流入一样迅速流出,从而使汇率急剧波动。但是此时此刻,这只被重新拧开的资金龙头要拧上已是很困难了。东南亚各国中央银行已经走到了它们的最后关头。

首战不利

看准时机的索罗斯出动了。此次索罗斯选择了 80 年代末已成为地区通货的泰铢下手。因为印度尼西亚与菲律宾利率虽然比泰国高,但汇率受官方人为操控,对外汇市场有较多管制,不便放开手脚大战一场。相比之下,泰国在东南亚各国中金融市场开放程度最高,资本进出自由;除了利率较高之外,泰铢长期紧盯美元,汇率相当稳定,风险最小。另一方面,泰国经济"虚假"繁荣最旺,低迷的房地产市场正在拖垮金融业,因此泰铢市值实际上也就最不稳定,最易攻破。

索罗斯之所以拿泰铢开刀,这就叫"擒贼先擒王",打破泰铢堡垒之后,就能够扫荡东南亚了。就这样,索罗斯吩咐手下,将资金暗中向东南亚转移,以便最后时机成熟,大举登陆东南亚。

1997 年 3 月 3 日.泰国中央银行宣布国内 9 家财务公司和 1 家住房贷款公司存在资产质量不高以及流动资金不足问题。索罗斯及其手下认为,这是对泰国金融体系可能出现的更深层次问题的暗示,便先发制人,下令抛售泰国银行和财务公司的股票,在泰国所有财务及证券公司大量提款。此时,以索罗斯为首的手持大量东南亚货币的西方对冲基金联合抛售泰铢,在众多西方"好汉"的围攻之下,泰铢一时难以抵挡,不断下滑,5 月份最低跌至 1 美元兑26.70铢。泰国中央银行倾全国之力,于 5 月中下旬开始了针对索罗斯的一场反围剿行动,意在打垮索罗斯的意志,使其知难而退,不再率众对泰铢群起发难。

泰国中央银行第一步便与新加坡组成联军,动用约 120 亿美元的巨资吸纳泰铢;第二步效法马哈蒂尔在 1994 年的战略战术,用行政命令严禁本地银行拆借泰铢给索罗斯;第三步则大幅调高利率,隔夜拆息由原来的 10 厘左右,升至 1 000 至 1 500 厘。三管齐下,新锐武器,反击有力,致使泰铢在 5 月 20 日升至 25.20 的新高位。

由于银根骤然抽紧,利息成本大增,索罗斯措手不及,损失了 3 亿美元,挨了当头一棒。

再度出兵

然而,索罗斯毕竟是世界知名的金融杀手。凭其直觉,索罗斯认为泰国中央银行所能使出的招术莫过如此,并没有使自己陷入绝境,所遭受的损失相对而言也比较轻微。从某种角度上看,索罗斯自认为,他已经赢定了。对于东南亚诸国而言,最初的胜利只不过是大难临头前的回光返照,伤不了他的元气,也挽救不了东南亚金融危机的命运。

索罗斯为了这次机会,已经卧薪尝胆达数年之久,此次他是有备而来,志在必得。一次挫折并不会令其善罢甘休,索罗斯还要再战东南亚。

1997 年 6 月,索罗斯再度出兵,开始出售美国国债以筹集资金,扩大规模,并于下旬再度向泰铢发起了猛烈进攻。刹那间,东南亚全融市场上狼烟再起,硝烟弥漫,对抗双方展开了短兵相接的白刃战,泰国上下一片混乱,战局错综复杂,各大交易所简直就像开了锅似的,人们发疯似地奔跑着,呼号着。

这是一场个人对抗国家的战争,从形式上看,似乎不可思议;然而,从结果来看,则令人百思不得其解。

只有区区 300 亿美元外汇储备的泰国中央银行历经短暂的战斗,便宣告"弹尽粮绝",面对铺天盖地而来的索罗斯大军,他们要想保持泰铢固定汇率已经力不从心。只得拿出最后一招,实行浮动汇率。不料,这早在索罗斯的预料当中,他为此还专门进行了各种准备。各种反措施纷纷得以执行,泰铢的命运便被索罗斯钉在了十字架上。泰铢继续下滑,7月24日,泰铢兑美元降至32.5:1,再创历史最低点。

然而,在击破泰铢之后,索罗斯并不以此为满足,他断定泰铢大贬,其他货币也会随之崩溃,因此继续扩大战果,席卷整个东南亚。索罗斯暗中发誓,此次定将东南亚各国搜刮一空。

闻得索罗斯兴风作浪,其他东南亚国家均倾全力进行殊死抵抗。菲律宾抛售了25亿美元,马来西亚抛售了10亿美元,以稳定本国货币,但在索罗斯的强大攻势面前难以阻止比索、林吉特的贬值。同时印尼盾、新加坡元也剧烈波动,一时间,东南亚货币市场风声鹤唳,草木皆兵。

飓风行动

对于索罗斯,有人称他为魔鬼,也有人称他是天使。然而,索罗斯毫无疑问是一个极具能量的人物,当年英国倾空国库之所有,耗尽上百亿美元,力图阻挡索罗斯的袭击,终究没能战胜索罗斯,被迫将英镑贬值15%,同时退出了欧洲货币篮子——统一汇率机制。区区索罗斯一人就让欧洲统一货币进程遭受到最为严重的创伤。元气尚未恢复的英国人和欧洲人对索罗斯恨之入骨,提起索罗斯就连声诅咒他是"夏洛克"(莎士比亚《威尼斯商人》中的犹太商人,嗜钱如命之徒)。

此次,索罗斯飓风远渡重洋,千里迢迢,不辞艰辛,进攻东南亚众多"小虎",坚持不懈,最终大获全胜。

伴随抛售泰铢,抢购美元的狂潮,大批工厂开始倒闭,公司纷纷减员,物价大幅上涨,城市居民的生活水准急剧下降。在索罗斯发起的悄无声息的进攻中,1997年7月29日.泰国中央银行行长自动宣布辞职,而在此之前,泰国主管经济的副总理兼财政部长业已含恨告老还乡。

大为光火的马来西亚总理马哈蒂尔厉声点名责骂索罗斯,气急败坏的泰国人则发誓要将索罗斯绳之以法,抓回泰国判刑入狱。

沉默,沉默,索罗斯一言不发,后来干脆就说是其手下所为,他本人根本就是一无所知。至于索罗斯基金的总管在泰铢贬值之后则喜形于色、按捺不住内心的欢悦之情。大声宣布:

"我们赢了!"

波及世界

继泰国战役之后,索罗斯飓风很快又扫荡到了印度尼西亚这个东南亚最大的国家。刹那间,印尼即出现了"黑色星期一",印尼盾大幅狂跌,民众出现了抢购美元的狂潮。7月21日以后,印尼盾汇率开始大幅下跌,跌幅已连破历史纪录。到8月20日,印尼盾对美元已贬值23%左右,远远超出了政府制定的每年

5%～6%的指标,贬值幅度之大,在东南亚仅次于泰国。受汇率影响,雅加达证券市场的股票综合指数也一降再降。仅 8 月份头三周就下降了 20% 以上,一个月内下降 150.55 点。印尼银行界、经济界及社会大众哭天喊地,捶胸顿足。

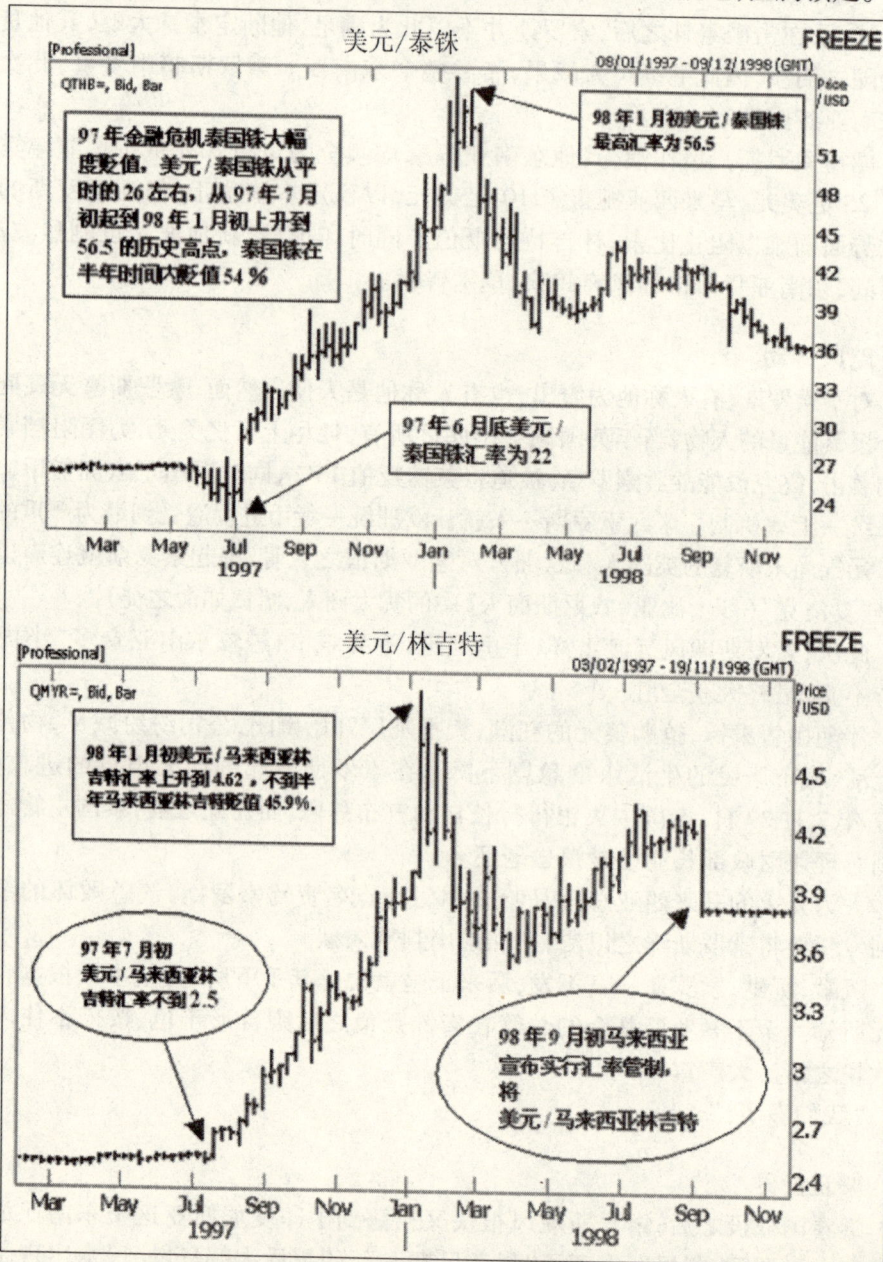

美元/泰铢

[Professional]　　　　　　　　　　　　　　08/01/1997 - 09/12/1998 (GMT)

QTHB=, Bid, Bar

97 年金融危机泰国铢大幅度贬值,美元/泰国铢从平时的 26 左右,从 97 年 7 月初起到 98 年 1 月初上升到 56.5 的历史高点,泰国铢在半年时间内贬值 54 %

98 年 1 月初美元/泰国铢最高汇率为 56.5

97 年 6 月底美元/泰国铢汇率为 22

美元/林吉特

[Professional]　　　　　　　　　　　　　　03/02/1997 - 19/11/1998 (GMT)

QMYR=, Bid, Bar

98 年 1 月初美元/马来西亚林吉特汇率上升到 4.62,不到半年马来西亚林吉特贬值 45.9%.

97 年 7 月初美元/马来西亚林吉特汇率不到 2.5

98 年 9 月初马来西亚宣布实行汇率管制,将美元/马来西亚林吉特

1997 年,金融大鳄索罗斯对东南亚国家发起了狙击,
一时间马来西亚、菲律宾、泰国、印度尼西亚、韩国等东南亚国家
金融市场一片混乱,货币大幅度贬值

印尼盾贬值后,给印尼经济带来的最明显影响,是以进口原料为主的制造业成本大增,导致包括汽车、计算机在内的产品价格大幅上扬,建筑材料涨价,主要日用必需品价格也上涨了 5% ~ 13%。物价上涨使当年的通货膨胀率从预计的 6% 以下升至 8% 以上。盾币贬值,各公司债务一夜之间剧增 100%,导致当时已超过 1 100 亿美元的印尼外债进一步攀升。

索罗斯飓风之冲击波并没有就此结束,它又迅速波及巴西证券市场和波兰货币兹罗提,随后袭击了新加坡、希腊和中国台湾地区,促使美国财政部和国际货币基金组织由于东南亚金融动荡而处于高度警惕状态,并使从亚洲到拉美和东欧的货币与证券价值纷纷下降。

7 月 17 日,手忙脚乱的希腊政府承认,他们不得不从国库拿出 8 亿美元支持德拉克马(希腊货币),因为投机商纷纷打赌说德拉克马将下跌。

不稳定的局面使国际货币基金组织和美国政府官员忐忑不安。他们对 1994 ~ 1995 年索罗斯在墨西哥兴风作浪所酿成的危机记忆犹新。正是那场危机使墨西哥出现了严重衰退并震动了整个金融市场,克林顿政府的一位高级官员说:"我们当然和国际货币基金组织保持着密切联系,他们当然也与受到影响的国家保持着密切接触。"

国际货币基金组织政策和研究部负责人说:"对这个问题我们的确是认真看待的。我们对个别国家表示关切,也对可能开始出现一个市场蔓延到另一个市场的某种现象感到不安。"

7 月 19 日,泰国货币出现了大幅度贬值,此前一个星期,中部欧洲的"宠儿"——捷克共和国宣布放弃固定汇率,取而代之以浮动汇率。在遥远的太平洋的另一头——西半球也立即产生了反响:拉美的巴西和阿根廷股市普遍出现了下跌,并且风传巴西货币雷亚尔将会贬值。就这样,拉美最大的股票交易所——圣保罗股票交易所的指数下跌 15%。

保卫港币

1997 年亚洲金融危机,索罗斯的"黑手"扫荡了东南亚。危机波及了所有东南亚实行货币自由兑换的国家和地区,迫使除了港币之外的东南亚主要货币急剧贬值。

唯一顶住了索罗斯的进攻而没有经济崩溃的就只有回归祖国后的香港。1998 年 8 月 5 日至 28 日,以索罗斯为首的多家巨型国际金融机构同中国香港特区政府在汇市、股市、期货市场连环斗法,香港政府连续动用港币近千亿。

8 月 5 日,炒家们一天内抛售了 200 多亿元港币。香港金管局运用政府财政储备如数吸纳,将汇市稳住;6 日,炒家又抛售港币 200 多亿元,金管局又如数吸纳;7 日,国际炒家继续抛售,金管局照例买进……14 日香港金管局首次动用外汇基金进入股市、期市;27 日,8 月份期货结算前夕,双方摆出决战姿态,全天成交额达到创历史纪录的 790 亿元港币。港府最终全力顶住了国际投机者空前的抛售压力。

这一切,虽然事隔十几年还是那么触目惊心。

1997 年的亚洲金融危机,香港特区政府救市,影响深远

反思危机

为什么一个人能搅动如此巨大的风波?应该说亚洲金融危机的发生有其自身的原因,比如经济发展缺乏技术含量与经济泡沫化;金融市场开放过快,金融监管不力;盯住美元的汇率制度存在风险,等等。但是外部游资冲击显然是一个非常重要的外因。国际资本流动中存在着"羊群效应",而对冲基金在市场上扮演了领头羊的角色。索罗斯的投资理念是"市场都是由谬误和谎言构成的"以及"反射理论",他的专长就是找出市场的谬误并适时戳穿它。

量子基金在 2000 年出现了严重亏损,似乎标志着一个时代的结束。索罗斯没有关闭基金,而是重新组织了基金,并把一些投资组合包给公司以外的经理。年过七旬的他在一个新闻发布会上表示:"我不打算再创什么纪录了。"

是的,也许风云人物已经不需要新的奇迹来装饰他的人生简历了。

值得注意的是,索罗斯还是世界第三大慈善家。看来在不同人的眼中,他时而是天使,时而是魔鬼。

无论人们如何评说,我们都无法否认,索罗斯——他就是东南亚金融危机的主演。

国际货币基金组织总裁康德苏

生平简历

米歇尔·康德苏,国际货币基金组织的第七位总裁。

康德苏于 1933 年 5 月 1 日生于法国。曾就读于巴黎大学,后在巴黎政治科学学院和国家行政学院获经济学硕士学位。

在被录用为法国公务员之后,康德苏于 1960 年到财政和经济政策部任职。1966 ~ 1968 年间曾任法国驻布鲁塞尔欧洲经济共同体代表团财政随员,后回

米歇尔·康德苏

到法国财政部,1971 年任助理司长,1974 年任副司长,1982 年 2 月任司长。在 1978 ~ 1984 年期间,康德苏还担任巴黎俱乐部主席,并在 1982 年 12 月 ~ 1984 年 12 月期间任欧洲经济共同体货币委员会主席。1984 年 8 月,康德苏被任命为法兰西银行副行长,并于 1984 年 11 月被任命为法兰西银行行长。在出任国际货币基金组织总裁之前,康德苏一直担任法兰西银行行长之职。康德苏于 1983 年被任命为国际货币基金组织法国候补董事,1984 年任国际货币基金组织董事。

米歇尔·康德苏于 1987 年 1 月 16 日就任国际货币基金组织总裁兼执行董事会主席。1996 年 5 月 22 日,国际货币基金组织执行董事会一致选举康德苏第二次连任国际货币基金组织总裁,任期五年,从 1997 年 1 月 16 日起。康德苏于 2000 年 2 月 14 日从国际货币基金组织退休。

引人争议

1997 年 1 月亚洲金融危机前夕,米歇尔·康德苏开始第三次连任他的国际货币基金组织(IMF)总裁一职。三次连任的康德苏是该组织成立 50 多年来任职时间最长的一位总裁,故此也被人们称作“金融君主”。

在亚洲金融危机结束不久,康德苏于 1999 年“因个人原因”提出辞职,据说与美国的矛盾才是其辞职的真正原因。这一年即将退位的康德苏在以 IMF 总裁身份发表最后一次演讲的前几分钟,一个馅饼扑面而来,摔在了他的脸上,总裁先生得到这件“特别”的退休礼物:美国一名反对自由贸易人士越过保安,在有 190 个国家参加的联合国贸易与发展会议的会议厅里,扔出了一个奶油杂果馅饼。

与这个尴尬的结局相对应的是康德苏一直以来尴尬的形象。尽管兢兢业业地工作了很多年,在不同人眼里,他的形象很有争议:有人视他为“救星”,有人

则称他为"魔鬼"。

四面楚歌

亚洲金融危机暴发后，康德苏开出了"紧缩银根、提高利率"的猛药。很多西方媒体对他赞赏有加，称其为"世界经济的主治医生"、"金融风暴的抢救队员"等。但同时在一些发展中国家，特别是采用他的药方后经济出现衰退的一些亚洲国家，则批评康德苏自以为是，乱开药方。

1997 年的金融危机爆发后，东亚各国经济一片狼藉。泰国、印度尼西亚、韩国等国家或地区不得不相继向 IMF 求援。然而当 IMF 的官员们怀揣着大笔美元来到当地时，却发现这里的人们并没有把他们当做救世主。迎接他们的是不信任的眼光甚至是愤怒的示威。

与三年前救援墨西哥金融危机时赢得的一片赞誉相比，IMF 这次在亚洲就不那么顺利了。韩国的失业工人们打着"IMF = I'MFired"（IMF = 我被解雇了）的标语在大街上示威，抗议"外国殖民者"的入侵；印度尼西亚几经周折与 IMF 达成的救援协议几乎因为总统苏哈托的一句话而变成废纸，他称协议措施"与印度尼西亚宪法精神相悖"，而主要原因则在于苏哈托不能接受 IMF 援助附加条件，如进行金融改革，等等；马来西亚总理马哈蒂尔不仅一再坚称马来西亚不需要 IMF 援助，还时不时指桑骂槐地谴责所谓"经济殖民主义"。

不仅如此，IMF 腹背受敌。在其最大的股东美国，国会一再阻挠克林顿总统增加拨款计划。甚至连 IMF 的姐妹组织世界银行对 IMF 把受援国经济推向衰退的做法也提出了批评。面对亚洲求援，康德苏有一点四面楚歌的意味。

褒贬不一

第一个批评来自于 IMF 附加在援助之上的条件。康德苏时代的国际货币基金组织，还没有像今天这样被边缘化，而是充分扮演着"终极拯救者"的角色。不过对于受援国，IMF 的救助资金总是伴随着痛苦的政府预算削减、进一步开放资本市场或保持高利率以吸引外资等要求。这也使一些不理解康德苏和 IMF 的人认为，他是只"披着羊皮的狼"。

第二个批评是有关药不对症的指责。IMF 提供贷款援助的条件是要求受援国实行紧缩性的政策，放慢经济增长，提高利率，削减财政赤字，并开放其金融市场等。然而并没有起到立竿见影的效果，为了获取外汇援助而勉强执行这些措施的受援国认为，他们吞下的是康德苏所开的并不对症的苦药。

第三个批评则是 IMF 在危机来临时反应迟缓。1997 年 7 月初，泰国在暴发金融危机后马上向 IMF 提出援助请求。但是在接下来的几个星期中，IMF 并未采取什么实质性行动。直到 8 月中旬，当泰国的金融危机已经传染到其他东亚国家后，IMF 才紧急在日本召开会议。当时有学者认为，IMF 的潜规则是首先考虑危机会不会影响到几个西方强国,也就是几个主要债权国的利益。

但总体而论,IMF 在帮助东亚国家摆脱金融危机的影响上是不遗余力的,也起到了很大的积极作用。不论人们如何批评,事实上在对亚洲危机提供的贷款援助中,IMF 占第一位。事后康德苏在评判自己的 IMF 职业生涯时就认为,IMF 有效地控制了全球通货膨胀和为金融风暴后的亚洲重建了经济秩序。

被金融风暴吹掉"王冠"的苏哈托

生平简介

苏哈托(1921 年 6 月 8 日至 2008 年 1 月 27 日),于 1967 年至 1998 年间出任印度尼西亚共和国第二任总统、军事独裁者。

苏哈托担任印度尼西亚总统时间达 33 年,是世界上任职时间最长的民选总统。苏哈托出任期间的重要功绩,是为印度尼西亚带来长期的政治稳定和大幅经济增长,国内贫穷人口得以减少,生活质量得以提升,因而他获得印度尼西亚"建设之父"的美誉。

如果不是因为金融危机这场意想不到的龙卷风吹掉了他的"王冠",人们不知道苏氏家族的江山还会延续多久。

在 1997 年的亚洲金融风暴之后,印度尼西亚贫困人口再度上升。苏哈托运用贪污、垄断、补贴等手段来为自己的家族及亲信致富等情况逐渐暴露出来,据估计,苏哈托家族的资产总值达 150 亿美元。此外,在他管制期间,他建立了强大的中央集权政府,通过高压手段打压政治异己。

印度尼西亚陷入了严重经济危机和政治危机之中,苏哈托 30 多年的辉煌毁于一旦,愤怒的印度尼西亚人民将苏哈托赶下了台。

1998 年在苏哈托下台后,其总统一职由哈比比接任。2006 年 5 月 12 日,印度尼西亚总检察长宣布,鉴于苏哈托的健康状况正在恶化,总检察院停止对其涉嫌贪污案的司法审查程序。2008 年 1 月 27 日,苏哈托在印度尼西亚因多器官衰竭逝世,终年 87 岁。

建设发展

苏哈托上台执政的时候,印度尼西亚经济非常困难,巨额的财政赤字,高达 20

多亿美元的外债,持续上升的通货膨胀,使这位行伍出身的总统面临严峻的挑战。

印度尼西亚经济振兴从何着手? 苏哈托自有章法,他网罗一大批经济学家和专业人才,重用他们,放手让他们发挥作用。他们为苏哈托出谋划策,制订了国家的经济发展计划。苏哈托非常重视国家的建设发展,定期与自己的经济顾问讨论国家的经济形势和经济问题。据说,他每次发表讲话,都要讲经济问题,印度尼西亚的主要经济数据他能背出一大堆。

印度尼西亚举国上下经过艰苦奋斗,在第一个 25 年发展规划期间(1969 ~ 1994 年)取得很大成就,经济年平均增长率为 6% ,通胀控制在 10% 以内,人均国民收入由 70 美元增加到了 650 美元。

在此期间,印度尼西亚的粮食基本上实现了自给,农副产品及一些初加工产品出口明显增长;一些大型工业项目也陆续开工,经济基本上实现了"走出低谷、稳步发展"的奋斗目标。

苏哈托执政以后,印度尼西亚局势一直较稳定,经济持续高速发展,他的声望达到颠峰。

军人主政

1963 年 10 月 17 日,印度尼西亚陆军造反,强迫苏加诺总统解散国会,苏哈托这位"微笑的将军"趁乱夺取了最高权力,从此开始了印度尼西亚军人主政长达 30 多年的历史。

军队是苏哈托维护统治的最主要工具。在苏哈托时期,军队是唯一负有安全和政治双重职能的机构。为使军队名正言顺地参与政治,苏哈托提出了"双重职能"理论。1982 年印度尼西亚法律规定:军队不仅是一支军事力量,而且也是一支社会力量。

在"双重职能"理论的指导下,军队全方位参与政治生活。在中央机构,内阁 27 名部长中有 12 名是军人,他们占据了国防安全部、内政部和经济部门的重要职位;在地方政府,军人势力也大举介入。1971 年大选后,军人占据了 26 名省长中的 22 名。1969 年,271 名市长和县长中有 147 名军人。到 1971 年,这个比例更升至 2/3。

另外,军人在国家最高权力机关中也有代表。500 名人民代表会议成员中有 100 名由总统从军队中指定。

在经济领域,军方也把持了不少关系国计民生的重要领域。西方国家曾有记者报道说:"印度尼西亚群岛之上没有一个村子不是由中士或上士领导,全国没有一个国有企业不是由上校或将军担任经理的。"

在苏哈托执政时期,不仅政府积极介入市场,连军队也大办公司。由于军队在印度尼西亚政坛中参政、涉政的情况过于突出,严密管制媒体,压制反对派声音,人民的意见没有正常的表达渠道,严重影响了印度尼西亚的民主进程,问题日积月累,直至积重难返。

金融危机

1997 年 7 月,东南亚国家暴发金融危机,金融风暴首先起于泰国,很快波及印度尼西亚,泡沫经济破灭,印度尼西亚盾对美元一路狂跌,从 3 600 盾兑 1 美元跌至 15 000 盾左右兑 1 美元。由于苏氏家族和权贵把持的国企过去向外国盲目举债,在金融风暴下,突然资不抵债,信用等级大降,资金周转不灵,生产萎缩,印度尼西亚经济遭到毁灭性打击。

作为重灾区的印度尼西亚金融市场持续震荡,货币大幅度贬值,失业人数增至 1 350 万,加之旱灾造成粮食减产,食品供应困难,物价飞涨,人民生活水平急剧下降,贫富悬殊问题日益突出。

据印度尼西亚一家非政府组织基金会发表的一份调查报告说,当时印度尼西亚贫穷人口占总人口的一半以上,在经济危机和粮荒的双重打击下,印度尼西亚穷人的生活越来越困难,一些人死于饥饿和疾病。

无法继续支撑下去的苏哈托被迫同国际货币基金组织进行谈判。国际货币基金组织和印度尼西亚政府达成的 50 条援助细则,要求印度尼西亚政府必须进行金融改革,废除家族垄断,取消地方政府的重重征税。虽然一开始双方确立了"经济拯救一揽子计划",国际货币基金组织也向印度尼西亚发出了第一笔援助基金。但是因为改革触动了苏哈托家族的利益,苏哈托最后出尔反尔,以"援助方案不符合印度尼西亚国情"、"违反了印度尼西亚宪法精神"为由中断原来的计划。

到了 1998 年 1 月,印度尼西亚盾一路狂跌 90% ,成为全球跌幅最大的货币,整个国民经济陷入崩溃边缘。在金融风暴冲击后,国内要求政治改革的浪潮一浪高过一浪。

政治危机

在金融危机爆发后的 1998 年 3 月,苏哈托面对国内舆论一片反对,以老迈病残之躯继续要求连任第七任总统。在严重的社会危机下,居然任命自己的长女为社会部长,任命自己的高尔夫球友为贸工部长,这种腐败的任人唯亲的做法,只能进一步刺激民众的反对情绪。特别是当年 5 月几名示威学生遭到军警枪杀后,国内国际舆论一片哗然。

金融危机暴发后,印度尼西亚人的不满情绪日甚一日,大学校园成为发泄愤怒的突破口,自 1998 年 2 月下旬起,几乎每天都有学生举行集会和示威,从雅加达、万隆等大城市蔓延到许多中小城市,印度尼西亚局势急剧动荡,社会矛盾加剧,导致一系列骚乱事件的发生,造成民众生命财产的重大损失。仅在首都雅加达,5 月 13 日~5 月 15 日的 3 天骚乱中就有 499 人死亡,3 000 多座建筑、1 000 多辆机动车被毁坏。社会各界强烈要求彻底进行政治、经济、司法改革。

印度尼西亚人民认为苏哈托的家族统治是印度尼西亚危机的根源,要求苏哈托下台,示威者烧毁苏哈托的模拟像。局势逐渐失控,经济危机最终酿成了政治危机。

印尼学生游行,要求审判苏哈托

为了挽救危局,在埃及参加15国首脑会议的苏哈托提前一天于5月15日凌晨回国,立即召见了负责安全、宣传和经济工作的主要部长及军方领导人,讨论了当前的局势,宣布接受各界提出的政治、经济和司法改革建议,决定从16日起降低燃油和电力的价格,并免费向市民分发一些生活必需品。东南亚媒体认为,苏哈托采取的这些缓和局势的举措为时已晚。

政治危机使经济危机加剧,印度尼西亚在国际货币基金组织帮助下拟订的振兴计划成为泡影,外国投资者纷纷放弃购买印度尼西亚国营企业股份的计划,金融市场持续剧烈动荡,印度尼西亚盾同美元的比价5月19日一度跌至17 000盾兑换一美元,经济损失难以估量。

示威者蒙面游行反对苏哈托

众叛亲离

执政的专业集团内部首次发出了反对苏哈托的声音。专业集团是苏哈托的政治大本营,曾支持苏哈托七次连任总统。专业集团的负责人说,如果苏哈托不愿意下台,"我们就必须强迫他离开"。过去长期支持苏哈托的国会领袖的态度也发生重大变化,5月18日,国会议长在召开国会领导人会议后发表声明,希望苏哈托为了国家的团结明智地辞职。但印度尼西亚军方表示支持苏哈托,反对议长的提议。在随后几天,有关各方经过磋商后,军方领导人改变了原先的立场。执政党、国会、军队都抛弃了苏哈托,苏哈托成了孤家寡人,最后不得不交出总统权柄。

在声势浩大的人民运动压力下,1998 年 5 月 21 日上午 9 时许,在雅加达独立宫,执政 30 多年的印度尼西亚铁腕人物苏哈托被迫宣布辞去总统职务。他对着麦克风用缓慢而颤抖的声音说:"我决定在 5 月 21 日宣读这封辞职信时,立即辞去印度尼西亚共和国总统的职位。"他还请求印度尼西亚人民原谅他的错误和缺点。

贪污腐败

苏哈托曾被誉为印度尼西亚的"建设之父"。在他的领导下,从 20 世纪 80 年代开始,印度尼西亚的国家经济得到发展,一跃成为东南亚强国。印度尼西亚政府还专门发行印有苏哈托头像的纸币作为经济繁荣的象征。然而,随着 1997 年亚洲金融风暴的侵袭,这一切美好景象土崩瓦解,苏哈托无上至尊的形象也随之消解。

苏哈托及其20% 家族

苏哈托下台后,有关他家族的财产调查清理开始了。这是印度尼西亚公众反映最为强烈的问题之一,他们要求将苏哈托的财产充公。

"透明国际"组织发布的《全球腐败报告 2004》把苏哈托列为 20 世纪最腐败领导人的首位。这份报告估计,苏哈托在 33 年的统治中,一共挪用公款 150 亿~350 亿美元,而印度尼西亚的人均国内生产总值只有 695 美元。

苏哈托当权时，他的亲信党羽飞黄腾达，担任政府和军队中的要职。其子女也是"鸡犬升天"，苏哈托的长女曾担任内阁中的社会事务部长，他的四个儿女和一个媳妇都是国会议员。显赫的政治权力为家族谋私利大开方便之门，苏哈托的子女和亲友是最大的获益者。

晚年的苏哈托

在苏哈托长年的执政过程中，他的家族组成了一个庞大的商业帝国。苏哈托的子女控制了印度尼西亚的金融、电力、建筑、交通运输、森林矿山、新闻媒介和房地产等产业。

外国传媒披露，苏哈托家族拥有分属 20 家大集团的 1 247 家公司，共有 400 亿美元的资产，相当于国际货币基金组织准备给印度尼西亚缓解金融危机贷款的数额。

苏哈托家族在印度尼西亚几乎所有大型项目里都占有股份，由于他们占有的股份一般在 20% 左右，因此整个家族也被称为"20% 家族"。有个形象的说法，苏哈托家族一打喷嚏，印度尼西亚经济就会感冒。

接受调查

印度尼西亚的一些知名人士、律师、企业家成立一个委员会，目的是把有关"因国家财产被侵吞而使人民如此贫困"的各种情况集中起来。利用石油开发牟利的苏哈托家族的各公司也被列入调查名单，人们发现，苏哈托家族控制的120 家公司通过与国家石油公司签署承包合同获利，国营石油公司因而成为苏哈托家族的"摇钱树"。

随着调查的进行，该家族的掠夺资财令人心惊。香港百富勤清盘时大曝光，借给印度尼西亚的 4 亿美元贷款中，有 2.65 亿美元为苏哈托家族的商业集团所侵吞。有人据此认为，如果苏哈托继续执政的话，国际金融机构给印度尼西亚应付经济危机的贷款很可能被该家族挪用。

苏哈托下台后，印度尼西亚最高检察院就涉嫌贪污、官商勾结等指控及其财产问题对苏哈托进行了质询。2000 年 3 月，印度尼西亚总检察院正式向苏哈托发出传票。

在印度尼西亚政坛和商界曾经风光一时的苏哈托家族地位一落千丈：苏哈托的子女被清扫出国会；儿媳、弟弟被司法部门审讯；家族在国有企业中的股份也被退还。苏哈托的小儿子因策划谋杀法官、私藏武器和畏罪潜逃等三项罪名于 2002 年被雅加达中区法院判处 15 年监禁。

风烛残年

虽然亚洲金融危机并不是由他引发的,但却要由他买单。这个名噪一时的政治人物大起大落、大悲大喜的人生,就像金融危机暴发时让人心跳的股市汇市一样,一切都充满了让人瞠目结舌的戏剧性。

金融危机引发了政治危机,苏哈托 30 多年的辉煌毁于一旦。外力的作用像催化剂一样诱使人们揭开内在的疮疤,金融危机暴发后,人们才发现,这个声名显赫的家族带给社会经济的原来是巨大的负面影响。秋后算账让苏哈托成了千夫所指的腐败总统。

苏哈托下台后即因压力过大患上了内出血和屡次中风,后经医疗人员作证认为其身体状况永久不适合受审,主审法官撤销了对他的所有指控及软禁令。

此后苏哈托一直在雅加达的寓所内深居简出,很少在公共场合露面,直至去世。

怒斥索罗斯的马哈蒂尔

在这次金融风暴中的一大热门话题,就是马来西亚总理马哈蒂尔连续不断地对索罗斯进行指责。从 7 月 26 日至 11 月中旬,这种指责和批评几乎没有停顿过。

也许正是通过马哈蒂尔总理的指责,索罗斯在整个东南亚出尽了"风头"。

索罗斯 7 月在纽约宣布:"下一次金融危机肯定会来临,问题只是在于什么时间。"对于他自己以数十亿计的资金来炒作泰铢,从而给危机火上加油,索罗斯却保持着沉默。而其"量子基金会"经理在泰国央行宣布泰铢贬值后承认:"我们又赢了!"

对此,马来西亚总理马哈蒂尔拍案而起,他怒斥索罗斯是刻意在东南亚国家进行货币投机活动,使东南亚国家货币频频告危的"罪魁祸首"。索罗斯暗中操纵了这次的货币投机活动,从而使当地的货币贬值。

马哈蒂尔说,类似的货币危机在美国也发生过,结果是美国当局把这种投机者抓起来,丢入牢里了事。"可是,当事情发生在我们这里时,他们(美国)却说这是所谓的开放市场。我们奋斗了 30 ~ 40 年的成就在一瞬间被那些投机商摧毁了。"马哈蒂尔还指出,如果国际社会不把干预别国货币的做法视为犯罪行为,那么所有发展中国家的货币都有可能遭到破坏,从而继续成为穷国。

9 月 17 日,马哈蒂尔在接受美联社记者访问时,再次单独提到美国投资家索罗斯是马来西亚金融市场混乱的幕后策划者。但是,分析家和外国基金管理者说,对马来西亚缺乏信心是最大的不利条件。

接着,量子基金会首席战略家在接受《华尔街日报》采访时宣称,索罗斯对马来西亚货币动荡无任何责任。他认为更应负责的是那些放任信贷迅猛扩张的政客和官僚,是他们为剧烈波动准备了条件。

1997 年10 月,一些马来西亚人烧毁了乔治·索罗斯的塑像,
索罗斯被认为引爆了东南亚金融危机

　　他说,在 1 月份就有人提醒他注意,泰铢已到了要贬值的时候,因为泰国当时未收回贷款占国民生产总值的比例在很短时间内已从 65% 增长到 135% 。而马来西亚也像泰国一样有过一种"难以置信的繁荣"。因此,量子基金会才在 1 月份卖空泰铢(也就是采取一种期待泰铢贬值的姿态)。

　　但《华尔街日报》指出,这个世界闻名的投机家原先的卖空活动被人仿效,从而导致了亚洲货币的不稳定;另一方面,货币投机家只有充分利用不平衡(如由于行政当局干预造成的价格扭曲)才可能获得成功。许多经济学家支持这样一种观点,投机活动因具有修正价格不平衡的倾向而对国民经济有益。

　　1997 年 9 月 27 日,马哈蒂尔在世界银行年会上做了长篇演讲。在谈到对投机的态度时,马哈蒂尔提出:货币交易是不需要的,是非生产性的,是不道德的,必须禁止。并强调,马来西亚不需要外人插手,自己会解决自己的问题。我们不可以任由外国人阴谋破坏国家经济,国人不应该参与这些破坏活动,免得国家越来越贫穷。

　　作为回应,索罗斯在 1997 年 9 月 27 日的年会上作了长篇发言,在为自己辩解的同时对马哈蒂尔进行了针锋相对的抨击。索罗斯称马哈蒂尔的建议是促使发生灾难的因素。他说:"马哈蒂尔博士是对他自己的国家构成危害的人。"

　　1997 年 11 月 2 日,曾沉默了片刻的马哈蒂尔再次旧事重提,在 15 国集团的吉隆坡会议上指责索罗斯是最近货币动荡的幕后操纵者。马哈蒂尔对马来西亚国家通讯社记者说:"我真的希望他认识到,他一直在发别人的苦难之财。他要是有良心,就应当罢手了。"当有人提到索罗斯在全球股市暴跌中损失了 20 亿美元时,马哈蒂尔态度漠然。

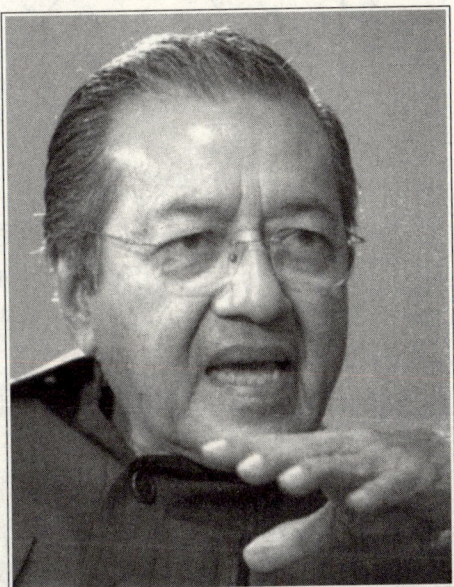

1997 年亚洲金融危机时,马哈蒂尔与索罗斯唇枪舌剑

对于马哈蒂尔对索罗斯的争论需要辩证认识,索罗斯是以投机性买卖货币赚钱;马哈蒂尔看到本国货币被人狙击,当然要竭尽所能去保卫。言辞难免有过激之处。索罗斯赚钱的原因是看准对方的弱点,然后如猎豹般猛扑,饱噬而去,绝不手软,绝不畏缩。索罗斯赚钱表示有关国家的国民有所损失,如货币贬值、股市下挫等。但马哈蒂尔强调要双赢。两个人的观点有很多方面背道相驰,如索罗斯相信自由经济为资本市场最理想的境界,因为一切政府的干预都是徒然的,在自由市场里,市场会自己发挥作用,过分偏离时会自动纠正;但马哈蒂尔认为政府对市场应起着引导及规范的作用,尤其当市场在极端波动的时候。

第十一章

1998 年俄罗斯金融危机

俄罗斯经济经过 1992~1996 年连续 5 年负增长后,1997 年出现了转机——GDP 增长 0.4%。正当人们乐观地认为经济形势开始好转时,这一增长势头很快消失。自 1997 年 10 月以来,受东南亚金融危机的波及,俄罗斯金融市场在秋季大幅下挫之后一直处于不稳定状态。到 1998 年 5 月,终于暴发了一场前所未有的大震荡,突出表现是卢布兑美元的比价由 6∶1 下跌到 6.3∶1 以及短期国债收益率突破 80%。

1998 年 8 月 17 日,俄罗斯政府和中央银行被迫宣布提高卢布"外汇走廊"上限,即把原来 5.1~7 卢布兑 1 美元的限制,提高到 6~9.5 卢布兑 1 美元。卢布实际贬值幅度高达 50%。这标志着俄罗斯政府失信于民,金融危机不可避免地暴发了。

卢布大幅贬值引发俄罗斯居民挤兑风潮

从 1998 年 8 月 17 日到 9 月 4 日,俄罗斯的股市、债市和汇市基本上陷于停盘交易状态,银行已无力应付居民提款兑换美元,整个金融体系和经济运行几乎陷于瘫痪。

1998 年 9 月 4 日,俄罗斯政府被迫宣布允许卢布自由浮动,卢布兑美元的比价猛跌至 17∶1(非官方的银行间交易价为 22∶1)。由此带来俄罗斯企业和银行倒闭、物价飞涨、经济衰退。

切尔诺梅尔金总理的任免

早年经历

维克托·斯捷潘诺维奇·切尔诺梅尔金 1938 年 4 月 9 日生,1961 年加入苏共。1967 年起任奥尔斯克市委工业局副局长、局长。1978 年来到莫斯科,在苏共中央做党内工作,任重工业部督导员。1982 年起担任前苏联天然气工业部副部长,1985 年任天然气工业部部长,同时兼任全苏秋明天然气工业联合公司领导人,由此获得"天然气大王"的雅称。1985 年,他结识了斯维尔德洛夫斯克州的党委第一书记叶利钦。1986年至 1990 年任苏共中央委员。1989 年当选为国家天然气工业康采恩理事会主席。1992 年 5 月任俄罗斯副总理,同年

切尔诺梅尔金

12 月任总理、安全会议常务委员。1995 年 5 月 12 日当选为"我们的家园——俄罗斯"全俄社会政治运动政治委员会主席(该运动于 2000 年 5 月停止活动)。1996 年 8 月 10 日再次当选为总理。1997 年 4 月任俄总统下属临时紧急情况委员会主席,同年 5 月任俄罗斯进步力量联盟协调委员会主席。1998 年 3 月 23 日去职,5 月 26 日被免去安全会议常务委员职务。8 月 23 日,正值俄罗斯金融危机加剧之际,叶利钦总统任命他为代总理,同年 9 月 11 日免去代总理职务。

平衡大师

切尔诺梅尔金有丰富的实践经验,善于思考。在作重大决定时,他十分谨慎,不冒风险,预先考虑到各种复杂的因素,但一旦作出决定,便坚决执行。在争论重大问题时,他总是据理力争,言辞很有说服力。他待人严厉,平时不苟言笑,有时说话很生硬,但被认为是一位优秀的工业专家和经济工作领导人。他喜欢打猎,枪法不错;开汽车的技术颇佳;爱看戏,会演奏手风琴,喜欢演奏俄罗斯民歌。

1992 年上台的切尔诺梅尔金是俄在位时间最长的总理之一,由于他稳重务

实，与总统和杜马各党派都保持着良好的关系，所以自他上台后尽管叶利钦多次改组政府，切尔诺梅尔金一直稳坐钓鱼台，被誉为"俄罗斯社会的稳定器和平衡大师"。

结束使命

1997 年经济发展的政治环境明显好于 1996 年，这是一个不能忽视的因素。1996 年俄罗斯总统大选对经济发展的消极影响已基本消除，并且随着叶利钦总统的连任，随着他心脏手术的成功和康复以及他顺利地改组政府，使俄罗斯政局朝着相对稳定的方向发展。无疑，这对 1997 年的经济发展是个不可低估的积极因素。

叶利钦总统

切尔诺梅尔金总理在谈到 1997 年的积极形势时说，这一年"最重要的成果是，为俄罗斯的经济增长创造了基本前提。1998 年应成为分阶段大力解决我们所遇到的所有问题的第一年"。叶利钦总统也要求切尔诺梅尔金政府一定要使 1998 年成为俄罗斯"经济增长的第一年"。但是，投资危机的进一步发展、经济结构调整的长期性和复杂性、债务危机的严重、前几年曾对经济发展起较大支撑作用的对外贸易出现颓势、短期内难以解决的经济秩序的混乱以及俄罗斯政坛的风云变幻，都使切尔诺梅尔金的政治生涯和俄罗斯政府的改革道路布满了荆棘。

正当人们对俄罗斯 1997 年经济形势趋向好转作出一定积极评价，正当人们对叶利钦总统在几经人事调整后表示要让切尔诺梅尔金政府工作到 1999 年的许诺确信不疑的时候，"解散政府"的消息犹如俄罗斯政坛的又一次"政治地震"，使俄罗斯再度陷入恐慌。也使"1998 年应该成为经济增长年"的期望再次化为泡影。

1998 年 3 月 23 日，叶利钦不顾以俄共为主导的俄罗斯国家杜马（议会下院）的强烈反对，坚持把以稳健改革著称的执政五年多的切尔诺梅尔金总理革职。至此，切尔诺梅尔金政府的改革使命终于结束了。

1998 年 4 月 24 日，持续了一个月之久的政府危机终于画上了句号，名不见经传的 35 岁的新总理基里延科走马上任。叶利钦总统的本意也许是想以新生力量促使俄罗斯久衰不振的经济起死回升，然而新政府立足未稳，一场猛烈的金融风暴呼啸而来，国家几乎成了破产者。

年轻的新任总理基里延科

早年经历

谢尔盖·基里延科,1962 年 7 月 27
日出生于苏联格鲁吉亚共和国黑海海滨
城市的一个知识分子家庭,受过良好的
教育。其父是哲学家和政治理论家,其
母是经济学家。1984 年基里延科以优
异的成绩毕业于高尔基水运工程学院造
船系。后应征入伍服兵役两年,并在那
里加入了前苏联共产党。作为造船专业
的毕业生,基里延科很长一段时间在著
名的潜艇制造厂工作。为了适应工作的
需要,他还进入国民经济科学院继续学
习,并取得了银行业务高级管理人员资
格证书。

基里延科

复员后,他一直在高尔基市工作,先
是在"红色索尔莫沃"造船厂担任共青
团委员会书记。20 世纪 90 年代初,基里延科被选为州委书记。在州委工作期
间,他组建了全国第一个高尔基经济核算制青年中心。他还和朋友们一起组建
了"担保"社会商业银行。"担保"银行的工作很有起色,很快它就进入了全俄百
家优秀银行企业行列。

1996 ~ 1997 年,基里延科担任下诺夫戈罗德州诺尔西石油股份公司经理。
90 年代初,该公司前身——下诺夫戈罗德石油加工厂,因加工能力低下,经营亏
损、面临倒闭。基里延科担任厂长后,仅用一年的时间便甩掉了亏损的包袱,第
二年工厂不但扭亏为盈,而且还投资诺尔西银行,使其摆脱了倒闭的厄运。由
此,他受到了上届政府第一副总理涅姆佐夫的赏识,成为政府中最大的部级单位
——燃料动力部副部长。涅姆佐夫卸任该部部长后,基里延科从 1997 年 11 月
起接任燃料动力部部长。

1998 年 3 月 23 日,叶利钦总统任命基里延科为第一副总理和代总理,几天
后又提名他为政府新总理候选人。

基里延科是继盖达尔和切尔诺梅尔金之后俄罗斯政府的第三任总理,也是
俄罗斯历史上最年轻的总理。

勉强通过

叶利钦在宣布解散切尔诺梅尔金政府两小时后，任命才当了四个月燃料动力部部长的基里延科为第一副总理，代行总理职权。3月27日，叶利钦总统正式提名基里延科为新政府总理人选。与此同时，叶利钦总统致函国家杜马主席谢列兹尼奥夫，请求杜马通过任命基里延科为政府总理。

谢列兹尼奥夫

基里延科在俄罗斯政坛没有什么名气，而且十分年轻，很多人对这一任命感到突然和不理解。不知道基里延科究竟是什么人？

对于基里延科的任命，一些普通的俄罗斯人认为他太年轻。俄罗斯是一个泱泱大国，作为政府总理，基里延科还缺少人生阅历和工作经验。国家杜马主席谢列兹尼奥夫认为，基里延科"不能当总理，如果当总理，除了具有必备的条件外，至少要有一年以上做部长的经历，否则，做总理就早了点。"

1998年3月27日，叶利钦总统以不容反驳的语调对杜马代表发表讲话时说："你们可以不批准，试试看！我不是威胁，是作为总统在说话。请不要浪费时间，赶快批准。如果第一轮、第二轮、第三轮都不通过，第四轮就该解散杜马了。"

考虑到种种因素，俄罗斯许多有识之士都认为，应当尽量避免出现总统解散杜马这一对国家不利的局面。国家杜马主席谢列兹尼奥夫在4月4日会见了叶利钦总统后表情严肃地对记者说，"应当批准基里延科"。因为"杜马的命运比基里延科的命运重要一千倍"。考虑到叶利钦总统的强硬立场、至高无上的权力以及继续对抗将产生的后果，国家杜马"最终放行了基里延科"，在4月24日杜马对基里延科进行第三次表决时，以251票（最低226票）的微弱多数通过。至此，持续一个月之久的政府危机暂告缓解。随后，基里延科加紧组阁。由35岁的新总理基里延科率领的俄罗斯内阁成员的年轻化、专业化令沉闷已久的俄罗斯政坛出现了一线转机。

政策主张

基里延科政府在继承上届政府经济政策合理性的前提下，针对国内复杂严峻的经济形势，基里延科政府特别强调：

1. 必须加强国家的作用，积极对市场进行干预　基里延科认为，"俄罗斯正在经历过渡时期,国家对经济的影响作用只能加强,必须确定国家在市场经济中的地位"。为此,基里延科把国民经济分为三类:第一类是国家直接干预的领域,自然垄断部门就属于这个领域,还有一些特殊部门,如烟酒生产部门,指出"国家必须加强对烟酒产品市场的管理";第二类是国家发挥调节作用的部门,如农工综合体和科技等部门;第三类是国家只限于制定政策法律的领域,这主要指的是一些自由竞争的部门。针对私有化过程中国有资产的严重流失,新政府还指出,国家必须积极管理好自己的财产,应该清点所有国有财产,包括在国外的不动产。

2. 加紧进行预算改革,尽快实现财政健康化　基里延科政府面临的最紧迫问题是解决预算危机。基里延科表示政府将继续执行强硬的预算政策,叶利钦提出要进行预算改革。他说:"预算改革要求解决某些重大问题,为此必须通过税法典和预算法典","到1999年,俄罗斯应当制定出一部明确规定国家权力机关同地方自治机关之间预算关系的法令",使预算关系的改革进入一个新阶段。基里延科指出,为了实现财政健康化,必须要减少财政赤字。政府作出承诺,要将1998年的联邦预算赤字削减26%,使预算占GDP的比重从1997年的6.75%下降到5%,1999年降低到3.7%,2000年降低到2.6%,2001年降低到2.4%。这意味着俄罗斯在这方面将达到发达国家的水平。政府指出,减少预算赤字的唯一途径就是增加预算收入,节约预算开支。

在增加预算收入方面,为了严肃税收纪律,加强对特大企业的征税,俄罗斯联邦在1998年1月成立了特种税务署,专门负责全俄17家特大公司和6家大银行的征税工作,因为这23家企业不仅提供63%的全国税收,而且它们对财政的拖欠也占全国的55%;为了检查欠税大户,俄罗斯联邦在1998年5月又成立了加强税收和预算纪律临时非常委员会,预计到同年6月底将从这些欠税大户那里至少征收50亿卢布的税收。在严肃税收纪律的同时,基里延科政府还提出加大税收力度,指出不仅要向大企业征税,而且应当向抽彩、赌场、商业演出、出售娱乐产品等收税。基里延科政府决定,从1998年8月1日起实行征收天然气增值税和消费税的新办法,还宣布在1998年底前将出售10家大公司的国家股股权以及对俄罗斯石油公司实行拍卖。此外,基里延科政府将知识产权视作国家税收的又一个新来源。基里延科指出"俄罗斯知识产权的出售价格比实际价值低几百倍"。据估计,俄罗斯拥有的潜在知识产权约为4 000亿美元。基里延科说:"必须准确地清点知识产权,确定谁是它的主人。在大多数情况下,国家是它的主人。"

在节约预算开支方面,基里延科政府决定彻底实施得到总统批准的节约预算开支的计划。这个计划包括:预算支出要遵循优先解决重大问题的原则,将预算资金的主要使用单位减少29%;在向执行预算的国库制度过渡时,实行对预算组织的支出进行严格监督的制度,俄联邦各主体的预算开支将受联邦国库的

监督;限制国债及国债利息的增加,将 1999 年的国债付息额控制在 GDP 的
3.7%,同时稳定国债规模,优化国债结构。

3.精简机构,加强各部的责任　基里延科政府组成后,叶利钦总统签署了关
于政府机构改革的命令,部委从 54 个减少到 33 个。在改革中提高各部的责任,
实行部长负责制。在精简机构的同时,政府还决定在一年内裁减 20 万名由国家
财政维持的政府人员。估计这项措施一年可节支 400 亿卢布。

此外,基里延科政府还表示要重视居民的社会保障,加速解决工资和退休金
的拖欠问题。

然而,俄罗斯总是这样灾难深重。旧的问题还没有解决,新的问题又接踵而
至,来势凶猛的金融危机使虚弱的俄罗斯经济再次遭到毁灭性的打击,使俄罗斯
人民再次经历灾难性的掠夺。

金融危机

受亚洲金融危机的影响,1997 年 10 月以后,俄罗斯金融市场多次出现大的
动荡。频繁的金融动荡终于酿成了使俄罗斯经济濒临崩溃的金融危机。

令人恐怖的"黑色星期三",股市剧跌　　　　　人们纷纷抛售卢布,争购美元

1998 年 5 月 27 日,俄罗斯金融市场出现了令人恐怖的"黑色星期三"。这
一天,股市暴跌,"俄罗斯交易系统"综合指数当天暴跌 11%,连前几次金融动荡
中表现稳健的蓝筹股"俄罗斯储蓄银行"、"电力"等也猛跌 15% ~ 25%;国库券
也大幅度下跌,短期债券年收益率从 60% 猛升至 80%;在恐慌心理的支配下,人
们纷纷抛售卢布,争购美元,卢布对美元的比价跌至 6.201∶1 ~ 6.203∶1,超过了
俄罗斯中央银行 1998 年外汇与卢布比价浮动规定的 6.188 卢布的上限,各外汇
兑换点不得不限量或停止兑换美元。

显而易见,这场金融危机如果得不到遏制,必将导致经济形势进一步恶化,俄
罗斯政府多年来苦心营造、付出血本换来的卢布稳定、通货膨胀率下降的成果就会
付之流水。为了稳定金融市场,俄罗斯政府成立了临时中央委员会,中央银行迅速
作出决定,当天将贴现率提高了两倍,即从原来的 50% 提高至 150%。

应该说,这场金融风暴对年轻的基里延科政府来说并非是意外的挑战。1998 年 3 月 23 日,叶利钦总统解除了他的忠实助手切尔诺梅尔金的总理职务,同时任命鲜为人知的、年仅 35 岁的能源部长基里延科为代总理。当时,俄罗斯国内外舆论就预测基里延科是"临危受命"、"凶多吉少"。果然,时隔不到两个月,经济统计资料显示,1998 年 1~5 月,俄外贸出口比 1997 年同期下降 15.2%,投资下降 6.2%,税收只完成计划的 54.1%,财政收入比计划减少 1/3,46.8% 的企业亏损。到 1998 年 4 月 1 日企业拖欠的贷款达 18 211 亿卢布,相当于俄罗斯 6 年的财政收入;内外债总额达到创记录的 2 000 亿美元,相当于全年国内生产总值的 44%,仅外债就相当于国内生产总值的 26%。国库空虚使居民生活水平进一步下降,生活在贫困线以下的居民已占俄罗斯人口总数的 22.8%,比 1997 年同期增加了 1.7 个百分点。当时俄经济部预测,1998 年俄国内生产总值将比 1997 年下降 1%。经济上的这种滑坡趋势,加上新政府一时未能稳定政局,使外国投资者选择了"走"这一上策——在短短的两周内就抽走了 140 亿美元的资金(相当于当时俄外汇储备的总数),这对俄罗斯经济无疑是雪上加霜。

紧急措施

面对这场严重的金融危机,俄罗斯政府采取了一系列措施,力图重建金融市场的信任,使久衰不振的经济起死回生。1998 年 5 月 29 日,俄罗斯政府发布关于稳定金融市场的紧急措施。紧急措施包括增加预算收入和节约预算开支两部分,在增加预算收入方面,政府宣布,俄联邦加强税收和预算纪律的临时非常委员会 5 月 29 日开始工作,到 6 月底将从不少于 20 家的欠税大户那里至少征收 50 亿卢布的税收;政府将从石油公司的出口收入中征收所欠税款;从 1998 年 8 月 1 日起实行增收天然气增值税和消费税新办法;年底前将出售 10 家大公司的国家股股权,并将很快宣布对俄罗斯石油公司的拍卖。在节约预算开支方面,1999 年将彻底实施得到总统批准的节约预算开支计划。根据这一计划,从 1999 年起,直接获得预算拨款的单位将从 139 个减少到 99 个;在最短的时间内做好行政机关改革和政府机构改组工作。如果该计划得以实施,预计可节省开支 420 亿卢布。

稳定纲领

1998 年 6 月 23 日,经过约一个月的磋商和酝酿,俄罗斯政府提出了稳定财政和经济的反危机纲领,并与这一纲领相配套,向国家杜马提出了 26 个反危机法律草案。6 月 29 日,叶利钦总统在会见基里延科总理时指出,俄罗斯不存在危机,只是需要稳定经济和金融。此后,反危机纲领和反危机法案便改称"稳定纲领"和"稳定法案"。

稳定纲领提出了解决危机的七大类方法,包括获得补充收入、修改税收政策、稳定金融、削减国家开支、实行有针对性的社会福利政策、扶植工业、保护投资者利益等方面的措施。这些措施触动了俄经济领域中的许多老大难问题,是俄罗斯政府在消除危机及其根源方面一项最彻底、最全面的纲领。稳定纲领总的来说强调加强国家在市场经济中的作用,旨在增收节支,促进生产发展。应该说,增收节支是解燃眉之急,对扶持工业和保护投资者利益带有战略意义。基里延科总理认为,稳定纲领的提出"意味着经济政策的重大调整"。

1998 年 7 月 16 日,俄罗斯政府又通过了旨在提高富豪阶层消费税的法案,对他们所使用的高级汽油、大功率摩托车和小汽车、手机和传呼机等大幅度提税。按照新的税法,对年收入高于 10 万卢布者要征收 30% 的个人所得税。这些税收如能实现,俄政府每年可增加 30 亿卢布的收入。

1998 年 7 月 18 日。基里延科总理签发的又一项决定宣布,今后所有进口商品的关税将提高 3%,仅这方面又能使国库每年增收 10 亿卢布。基里延科认为,提高商品进口税,既能充盈国库,又能支持国内工业的发展。紧接着,国税局又发布一项打击偷税漏税的通告,要求公民申报 1997 年的收入,对轻度违法者除补交欠税外,并处以相当于最低月薪 2～5 倍的罚金;对偷税者则处以最低工资 500～1 000 倍的罚金或处三年以下徒刑。

俄多数经济学家则认为,稳定纲领并不完善,存在很多缺陷。一是着眼于增收节支的应急措施多,全局性的、战略性的措施较少;二是有些措施可能会引起社会震荡等副作用。例如,纲领提出允许地方上征收 5%～10% 的销售税,会加重消费者的负担;减少对农业和运输业的直接财政支持,会使这两个本来就很拮据的部门更为困难;三是纲领的实施可能加剧总统、政府与国家杜马之间的矛盾。叶利钦总统已要求国家杜马尽快通过有关法律,"否则就要采取别的办法"。

新的动荡

当所有的努力还未产生预期效果的时候,由于俄罗斯政府同天然气工业公司在征税和国有股份问题上的纠纷以及国际货币基金组织向俄提供 100 亿～150 亿美元贷款的问题迟迟不能落实,使得外国投资者对俄信心下降,俄罗斯金融市场再次出现动荡。1998 年 7 月 6 日和 7 日,反映对内借贷成本的国债券收益率连续突破 90% 和 110% 大关,已高于 1996 年总统大选前金融市场不稳时的水平。股市 6 月底创下 163.99 的新低点后,7 月 6 日再度跌破新低,以 145.01 点收市。7 月 7 日上午开盘仅两个小时,俄统一电力公司、卢克石油公司、电信公司等大公司普通股纷纷下跌。卢布汇率继续降低,美元对卢布的官方比价每天升 0.002 卢布,7 日市场价已跌破中央银行规定的浮动上限 1:6.239,达 1:6.255。

1998 年 5 月出现在俄罗斯的"黑色星期三"的乌云还未散尽,7 月初却又陷入新的动荡,俄政府被迫再次求助于西方贷款以解燃眉之急。国际货币基金组织、世界银行等国际金融机构和日本一些大银行出于多方面考虑,经过与由叶利钦总统 1998 年 6 月 17 日任命的"俄总统同国际金融组织联络特别代表"丘拜斯(前政府第一副总理)几轮讨价还价的谈判,终于在 7 月 13 日达成协议,同意在 1998 年至 1999 年两年内向俄提供总额为 226 亿美元的补充贷款,并决定 1998 年内兑现 148 亿美元,主要目的是稳定俄金融市场。这笔贷款虽未兑现,但在金融市场上已产生了一定的效果。持续波动的俄股市自 7 月 14 日起出现大幅反弹,交易额骤增,一直居高不下的短期国债收益率直线下降,旷日持久的卢布贬值压力有所缓解。但是,金融危机的根源远未消除,经济形势依然十分严峻,一场更大的金融风暴即将来临。

全面恶化

从 1998 年 7 月下旬起,受国外股市下挫、国际市场油价下跌和国内政治经济因素的影响,俄罗斯金融市场三大组成部分——股市、债市和汇市的情况全面恶化:

——反映 100 种工业股票价格的"俄罗斯交易系统"综合指数,1998 年 7 月 31 日至 8 月 13 日下跌 55%,跌破俄交易系统三年前开业时的起点。

——半年期和一年期国债券年收益率从 1998 年 7 月 31 日的 51% ~69% 上升到 8 月 13 日的 160%,有几期国债券的年收益率高达 300%。俄政府根据有关规定被迫关闭了交易市场。

丘拜斯(前政府第一副总理)

——在国外债市上,苏联时期的旧债价格仅为原值的 1/3,俄罗斯发行的欧洲债券也跌至面值的 1/2。

——汇市是唯一一个受俄罗斯中央银行保护的金融市场。但是,从 1998 年 7 月下旬到 8 月初。官方汇率下降速度比 7 月初快 1.5 倍;至于反映实际汇率的非交易所外汇市场卢布兑美元比价早已突破 1998 年的汇率上浮极限(6.296∶1)。1998 年 8 月 13 日,莫斯科外币兑换点的美元卖价甚至高达 8 卢布。中央银行不得不严格限制商业银行购买外汇,许多商业银行已停止外汇交易。

此外,俄罗斯 40 个发行地方债券的共和国和州已有 19 个出现过因地方政府缺乏资金而拒绝兑现到期债券的局面。当时,俄罗斯国内外许多经济学家纷纷预言:俄罗斯可能失去清偿能力,国家将无法按期如数偿还内外债务,卢布大幅度贬值不可避免。

一时间,俄罗斯卢布再次成为世界货币市场的热门话题。1998 年 8 月 13 日,乔治·索罗斯敦促维持汇率稳定近三年的卢布实行贬值,他出的主意是"最佳办法是稍微贬值 15% ~25%,然后成立一个货币委员会"。索罗斯还发出警告说,"否则的话,俄罗斯可能遭受严重的银行业危机"。

对此,俄罗斯中央银行发言人一语中的,卢布贬值解决不了俄罗斯的任何问题,"反而会掏空所有俄罗斯人的腰包"。东南亚过去一年来的苦难也高声疾呼:千万不能那样做! 泰国、韩国和印度尼西亚实行了货币贬值,结果引起通货膨胀,商业系统和银行系统损失惨重,社会动荡不安。

1998 年 8 月 14 日,正在休假的叶利钦总统在对记者谈到新的一轮金融动荡时很肯定地说,政府控制了金融市场的形势,卢布绝不贬值。的确,如果卢布贬值,将使俄罗斯国内所有的人都要受到损失,因为市场上 60% 的消费品都是进口的,普通老百姓将会深深感受到货币贬值的压力。再说,保持卢布稳定也是叶利钦总统几年来取得的令他骄傲的成就之一,他也深知卢布贬值会带来的政治、社会后果。

9 月17 日,俄罗斯首都莫斯科一家证券交易所内的交易员表情痛苦

卢布贬值

然而,叶利钦总统和俄罗斯政府的言行变化太快。1998 年 8 月 17 日,一个令国民难忘的日子,恐怖的日子,令人毛骨悚然的日子。这一天,俄罗斯政府总理基里延科和中央银行行长杜比宁发表联合声明,宣布提高"外汇走廊"上限,把 1998 年内卢布对美元汇率的浮动幅度扩大到 6.0∶1 ~ 9.5∶1,这等于宣布卢布贬值 50% 。但基里延科在"联合声明"发布后举行的记者招待会上却说,"外汇走廊"的变化并不意味着卢布贬值,只意味着政府"对外汇政策采取的新的立场"。

"联合声明"关于提高"外汇走廊"上限的决定在俄罗斯国内引起强烈反响。

俄罗斯前总理切尔诺梅尔金说,卢布对美元的比价不应超过 7∶1,他相信央行"有能力将卢布对美元的汇率控制在 7∶1 以内"。

俄罗斯国家杜马主席谢列兹尼奥夫则称政府的决定是一个"严重的错误",它标志着俄罗斯弥漫性货币贬值已经开始。国家杜马第一副主席雷日科夫认为,政府的决定只能说明"目前的局势比几天前想的更糟",他认为"国家的局势已经到了最危急的关头"。俄共领导人久加诺夫表示,政府的措施将会导致物价上涨和一些银行倒闭,受打击的首先是生活本不富裕的普通老百姓。

1998 年,俄罗斯暴发金融危机,超过一成俄罗斯人的日常生活受到严重影响。图为一名俄罗斯老人在街头乞讨

为了落实俄罗斯政府和中央银行的联合声明,1998 年 8 月 18 日俄中央银行董事会作出了暂停某些外汇业务 90 天的决定,这主要指的是对在俄罗斯的外国人提供的期限为 180 天以上的金融贷款业务和有价证券抵押贷款的保险费偿付业务。如果说这一决定只涉及在俄罗斯的外国人的话,那么,随之而来的措施也使俄罗斯国民在劫难逃——俄政府变短期国债为长期国债。

日趋严重的金融危机使俄罗斯政府已到了无力偿还债务的边缘。为了躲过 1998 年秋季的还债高峰期,1998 年 8 月 19 日深夜,俄政府发表声明,决定推迟偿还短期国债,将其转换成 3~5 年的长期债券。声明说,根据俄政府和中央银行的"联合声明",政府不得已而改变某些种类国家有价证券的偿还办法。这实际上是将利率较高的短期国债变为利率较低的为时 3~5 年的长期债券。声明还说,俄政府已邀请德意志银行等有经验的大银行做顾问,制定偿还的技术操作细则,政府将尽最大努力保护投资者的利益,保障金融市场的稳定。

不管俄罗斯政府怎样表白,"联合声明"实质上是宣布卢布大幅度贬值,国家丧失清偿能力,政府的金融政策彻底失败。

解散政府

基里延科上台时,俄罗斯经济已被一次接一次的金融风暴冲击得稳不住阵脚。迫于各方面的压力,基里延科政府不得不拿"金融贵族"开刀。

别列佐夫斯基

1998 年 6 月 2 日"金融贵族"之中的 10 位收到传票,被请进了克里姆林宫,希望他们能够顾全大局,帮助国家渡过难关。别列佐夫斯基估计有 30 亿美元的资产,可他 1997 年申报的财产还不到 4 万美元。拥有俄罗斯天然气公司的维亚希列夫拖欠国库的税款竟然高达 6 亿卢布。从克里姆林宫出来,面对新闻记者,他们脸上的笑恐怕比哭还难看。

1998 年 8 月 17 日基里延科政府和中央银行的联合声明,不仅宣布了国家的破产,也宣布了靠国家负债而兴旺起来的金融工业集团的破产。于是,在生存问题上受到威胁的"金融贵族"决定反击,决定斗垮使他们的经济和政治利益受到威胁的基里延科,说服叶利钦用他们的盟友切尔诺梅尔金取而代之。

8 月 23 日晚,悬在基里延科头上的达摩克利斯之剑终于落下来,叶利钦突然宣布解散执政仅 120 天的基里延科政府。此后,俄罗斯又陷入了一轮新的政府危机。

普里马科夫总理力图挽救

早年经历

普里马科夫 1929 年 10 月出生于乌克兰首都基辅。1948 年 9 月,普里马科夫只身到莫斯科东方语言学院阿拉伯语专业学习。1953 年毕业后,进入莫斯科大学经济系读研究生,1956 年获经济学副博士学位,1969 年获经济学博士学位,1972 年获教授职称,1979 年成为苏联科学院院士。

1956～1962 年,普里马科夫在前苏联国家广播电台工作,曾任阿拉伯语编辑部记者、副总编辑。1962～1970 年,他担任《真理报》评论员,并在埃及首都开罗做常驻记者,使他成为中东问题专家。1970～1977 年,他担任苏联科学院世界经济和国际关系研究所所长。1977～1985 年调任苏联科学院东方学研究所所长,1985 年他又回到苏联科学院世界经济和国际关系研究所任所长。

戈尔巴乔夫上台后,普里马科夫成为苏共中央候补委员、中央委员。1989 年在第一届人民代表大会上当选为苏联最高苏维埃委员、最高苏维埃联盟院主席。1990 年春,前苏联实行总统制,普里马科夫成为总统委员会成员,负责对外政策。1991 年"八一九"事件后,为了加强对安

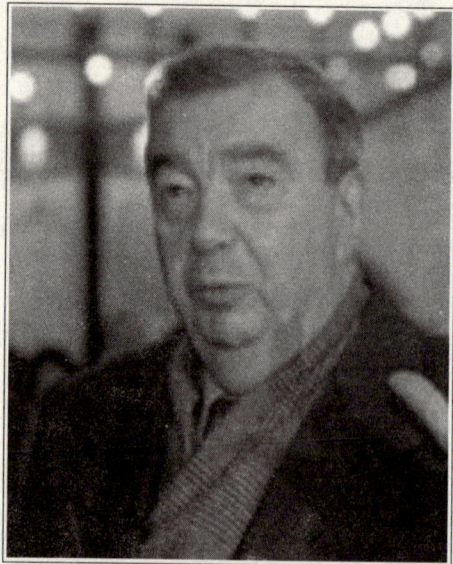

普里马科夫

全、情报部门的控制,戈尔巴乔夫任命普里马科夫为克格勃副主席兼负责对外情报工作的克格勃一局局长。1991 年 9 月,克格勃一局改组为中央情报局,仍由普里马科夫任局长。后来中央情报局更名为对外情报局,划归俄罗斯。

苏联解体后,在"民主派"执政的新俄罗斯,戈尔巴乔夫时期任用的高级官员几乎全被撤换,普里马科夫也面临危机。1991 年 12 月,叶利钦总统破例来到俄罗斯对外情报局,就是否留任普里马科夫的问题听取对外情报局其他领导的意见。对外情报局的 12 名领导几乎异口同声地说对外情报局需要普里马科夫! 叶利钦听了大家的发言后说:"我周围的许多人劝我撤换普里马科夫,但是我与你们交换意见后明白了他们不对。我还应该说,当我失宠和受到各种污蔑时,普里马科夫是为数不多的敢于和我握手的国务活动家之一。"叶利钦当众签署了关于任命普里马科夫为对外情报局局长的命令。普里马科夫也可以说是不负众望。许多专家指出,在普里马科夫担任局长期间,对外情报局的工作不仅领先于外交部,而且有时还纠正了外交部门的失误,特别是在对世界局势的分析和中期预测方面。

出色外交

1995 年 12 月,俄共在国家杜马选举中成为议会第一大党。国内对俄罗斯向西方一边倒的对外政策的不满和俄罗斯在国际社会中地位的下降,使得叶利钦不得不重新审视和调整其对外政策,总统选中了普里马科夫。1996 年 1 月 10 日普里马科夫向对外情报局的领导班子告别,他心情沉重地说:"我在这里渡过了自己最美好的四年零四个月。"

普里马科夫在担任外交部长后举行的记者招待会上说,他只从一个立场出发来理解对自己的任命,"必须加强外交部维护俄罗斯国际利益的活动。"从此以后,这一思想在他所有的外交活动中得到充分体现。

在与西方的关系方面,普里马科夫在担任对外情报同局长时就已看出北约东扩对俄罗斯利益的损害。出任外长后,他一再强调俄罗斯坚决反对北约东扩的原则立场。他和北约秘书长进行了多次谈判,虽然未能阻止北约东扩,但迫使北约在实施东扩计划前与俄罗斯签署了相互关系的基本文件,最大限度地维护了俄罗斯的国家利益。

普里马科夫上台伊始没有去取悦西方国家,而是把目光集中在周边邻国身上,他几乎访遍了独联体国家。他出任外长后,俄罗斯与独联体其他国家的关系取得了明显进展:俄罗斯与白俄罗斯签署了联盟条约,与白俄罗斯、吉尔吉斯斯坦和哈萨克斯坦四国签署了经济和海关联盟条约。此外,俄罗斯与乌克兰还解开了两国关系中的主要纠结——黑海舰队问题。叶利钦总统 1997 年 5 月底访问乌克兰,签署了俄乌友好、合作和伙伴关系条约,等等。

俄罗斯还致力于促进国际热点问题和地区冲突问题的解决。对此,西方是这样评论的:莫斯科奉行的战略是以调解人的角色参与调解地区争端,通过成功的调解活动来加强自己的影响,这是俄罗斯对外政策的一个新方向。的确,俄罗斯力图重返中东并取得了一定的进展。在调解伊拉克武器核查危机的过程中,俄罗斯两次发挥积极作用,推动有关方面通过和平途径解决问题。在这方面,普里马科夫作为中东问题专家,所作出的贡献在国际上得到公认。

普里马科夫重新打开了通往中国的大门。用美国《华盛顿邮报》的话说,"在普里马科夫担任外长期间,俄中关系成了有史以来最亲密的关系"。尽管俄日之间在南千岛群岛问题上存在争端,然而俄罗斯仍希望同日本商定发展双边关系。俄罗斯还同古巴及拉丁美洲和中近东国家重新发展关系。俄罗斯作为一个大国开始推行全方位外交。

普里马科夫领导的俄罗斯外交部筹备了叶利钦总统与美国、德国、芬兰、日本及其他国家领导人的一系列非正式会晤。俄罗斯加入了巴黎俱乐部,加入了"七大国",使"七国集团"变成了"八国集团"。

在相对较短的时间里,普里马科夫使叶利钦总统的外交构想具体化,为俄罗斯外交增色不少。实际上,在普里马科夫担任外交部长的日子里,人们似乎忽略了这样一个事实:在政治危机和经济危机的最紧张关头,在声嘶力竭的争论和群情激奋的时候,无论是在国家杜马,还是在街头巷尾,都没有人指责俄罗斯的对外政策。

总之,普里马科夫出任俄罗斯外长以后,积极贯彻重新确立大国地位、维护国家利益的外交方针,并为建立一个多极世界进行了不懈的努力。俄罗斯在国际舞台上的声音重新变得响亮起来。西方的政治家和分析家普遍认为,普里马科夫"完成了一场外交革命",他向世人表明,他是一个极具才干的外交部长,他非常明确地阐述了俄罗斯在所有国际问题上的立场。

受命危难

1998 年 8 月的金融风暴再次洗劫了多灾多难的俄罗斯,酿成了一场规模空前的经济、政治和社会危机,同时也证明了俄罗斯政府自 1992 年以后执行的以"休克疗法"为核心的改革路线的彻底破产。

1998 年的俄罗斯政坛上,人们普遍认为,69 岁的俄罗斯外交部长普里马科夫的仕途已经到达顶点,即将退休。但是,1998 年 9 月 11 日,俄罗斯国家杜马批准他为政府总理,这使普里马科夫的政治生涯又翻开了新的一页。实际上,普里马科夫出任政府总理是俄罗斯总统与国家杜马两度较量后双方妥协的产物。

1998 年 8 月 17 日发表的"联合声明",实质上是宣告了政府的破产。8 月 21 日俄罗斯国家杜马召开紧急会议,通过了对基里延科政府的不信任案。8 月 23 日叶利钦总统意识到问题的严重,于是宣布解散基里延科政府,召回切尔诺梅尔金任代总理,试图扭转局势。但是,国家杜马的一些党团为了防止切尔诺梅尔金凭借总理的职权登上总统的宝座,坚决反对对切尔诺梅尔金的提名,因而引发了

1998 年内俄罗斯的第二次政府危机。尽管总统一再向国家杜马让步,以换取对切尔诺梅尔金的任命,但两次都未获成功。可以说,叶利钦总统两次提名切尔诺梅尔金被杜马否决后,这场政治斗争似乎走进了一条死胡同。如果总统第三次提名切尔诺梅尔金,杜马将会继续投反对票。叶利钦总统沉默了 60 多个小时,最终出于无奈,提名普里马科夫为总理。次日,俄罗斯国家杜马顺利通过总统新提名的总理人选。69 岁的普里马科夫出任俄罗斯政府总理,终于使持续了 20 天之久的政府危机得到缓解。

俄罗斯新总理的任命无论在俄罗斯国内还是在国外都受到普遍的欢迎,这是未曾有过的现象。俄罗斯著名政治观察家在 1998 年 9 月 12 日的《俄罗斯报》上撰文指出,"东方和西方对普里马科夫出任总理的第一反应可以简单地概括为这样两句话:选择非常正确,克里姆林宫命中 10 环。"

对普里马科夫出任政府总理,俄罗斯国家杜马主席认为,这是一个"明智的决定",因为普里马科夫是个"十分精明的政治家,他了解俄罗斯当前的灾难和病症",他有丰富的经验,世界闻名,能够组成一个有效的政府。日本《世界日报》的一篇文章指出,"普里马科夫是那种虽不属于任何党派,却得到各派力量广泛支持的为数不多的政府成员之一。"

在俄罗斯政坛,普里马科夫的确是一个威望很高、各派政治势力都能接受的人物。从这个意义上说,普里马科夫恰恰成了一名"政治上的重量级举重运动员"。当时俄罗斯政坛动荡不已,政府一再改组,成员不断撤换,许多副总理、部长走马灯似的上台又下台,唯独普里马科夫从 1996 年 1 月出任俄罗斯外交部长以后,地位一直非常稳固。不仅如此,普里马科夫还是俄罗斯政坛上罕见的从戈尔巴乔夫时代以来一直身居高位的领导人。然而,普里马科夫本人也许从未想过有朝一日要当俄罗斯的总理。他本来是一位学者、出色的情报局长和外交家。

俄罗斯报刊曾经载文指出,自从普里马科夫担任外长以后,俄罗斯的外交变得"像个大国外交的样子了",并高度评价普里马科夫"他手中的牌常常很糟糕,但他总是玩得很出色。"

但这一次,普里马科夫从前政府手中接过来的牌糟糕得超出了他的预料。他对国家杜马代表说:"俄罗斯正经历着自身发展的最复杂和最困难的阶段。不要期待很快就会见效,我不是魔术师,国家处于非常困难的境地,我们需要时日来促进经济,提高人民生活水平。"分析家们评论说,作为国际问题专家,作为外交部长,普里马科夫解决科索沃、伊拉克问题是行家里手。但俄罗斯正处于严重的经济危机之中,普里马科夫有什么灵丹妙药能使俄罗斯摆脱旷日持久的危机呢?

政策调整

对受命于国家危难之际的普里马科夫及其政府来说,机遇与挑战并存。在金融风暴的冲击下陷入崩溃的俄罗斯经济形势,为普里马科夫政府调整经济政策提供了机会和可能;但旷日持久的经济危机和变幻莫测的政局,又使普里马科夫的政治生涯及其改革道路上荆棘密布。

普里马科夫总理上任后面临的是卢布贬值和银行系统全面瘫痪的金融危机;从举债度日到靠发行货币维持的财政危机;生产加速下滑的经济危机;经济结构、外贸结构和外资结构严重不合理的结构危机;由拖欠工资和退休金而引发的严重的社会不满情绪,等等。

普里马科夫在组建内阁时说,各政党的代表都可以参加政府,但不是作为各政党的代表,而是作为有明确信念的人参加政府,只作为专家进入政府,不应带有他所在的那个组织的任何动机和执行它的命令。实际上,普里马科夫政府由三部分组成:地方势力、原班人马(主要指一些部长)和左派势力(主要指副总理)。相对于前几届政府而言,这一届政府具有明显的中左色彩。

虽然普里马科夫反对把这届政府称为中左政府或左派政府,而称之为“国民的政府,祖国的政府,应当关心俄罗斯及其人民利益的政府”,但他组建政府的原则,特别是他的经济政策都反映了其中左性质。他在 1998 年 9 月 11 日对国家杜马代表说,“我的愿望只有一个:使社会团结,找到一条正确的道路摆脱深重的危机。”

政府组成以后普里马科夫一面多次声明自己无意问鼎克里姆林宫,一面稳扎稳打,采取了一系列改善社会经济形势的措施,并制订了以发展生产、稳定宏观经济为重点的 1999 年度联邦预算草案,国家杜马顺利通过。

普里马科夫认为,俄罗斯政府早些时候推行的经济自由化政策是个错误,没有考虑到改革应面向社会,经济政策失误是经济危机的主要原因。从普里马科夫的施政纲领、俄罗斯政府和中央银行关于稳定社会经济形势的措施以及国家杜马和联邦委员会通过的 1999 年度财政预算等文件来看,普里马科夫政府经济政策的鲜明特点是在坚持改革的条件下纠正过去的错误,对经济政策进行了重大调整。

普里马科夫政府面对的是极其艰巨的三大任务:稳定生产、稳定财政货币和解决工资退休金的拖欠问题。政府在三项任务同时抓的情况下,使宏观政策的重点从优先稳定财政货币转为优先发展生产。对此,普里马科夫指出,金融系统不应成为目的本身,而应为发展生产和国民经济服务。

金融危机造成的又一轮严重的通货膨胀,使居民生活水平进一步下降,工资退休金拖欠数额不断增大,社会笼罩着不满和即将爆炸的气氛。因此,能否解决拖欠问题和改善人民生活,是普里马科夫政府能否赢得人民信任的关键因素。政府为此做了三方面的工作:一是生活保障方面,由国家扶持生活必需品,特别是食品和药品的生产,以保障供应;同时临时降低一些生活必需品的进口关税,将某些种类的生活必需品的铁路运费临时降低 50%。二是在解决工资退休金拖欠问题方面,政府从 1998 年 10 月起按月发放工资和退休金,分阶段补发拖欠的工资和退休金。三是减轻金融危机对居民的影响,政府会同联邦主体和地方自治机关采取措施,不允许毫无理由地提高自然垄断部门和地方垄断部门产品的价格和服务标准,严格实行反垄断调节措施,包括批发和零售贸易领域的调节措施。为了控制失业率和创造就业条件,对裁减下来的职工进行再培训,鼓励中小企业的发展。

正是由于普里马科夫政府推行的社会市场经济改革政策,才防止了俄罗斯一触即发的政治危机,缓解了严重恶化的社会状况,尤其是挽救了濒于崩溃的经济。面对当时俄罗斯经济的危机状况,可以说任何一个政府领导人都不可能开出一副使俄罗斯经济在短期内摆脱危机的灵丹妙药。事实上,普里马科夫政府在极其艰苦的条件下,为恢复经济、稳定社会情绪做了许多基础性工作,其成效在 1999 年头几个月已经显示出来,经济领域中出现了一些积极的迹象。例如,卢布贬值的趋势得到控制,通货膨胀率逐月回落,国内生产总值和工业产值出现了增长的苗头,亏损企业的比重有所减少,并已采取措施按期发放工资,等等。

但是,就在俄罗斯政治、经济形势自普里马科夫出任政府总理后渐趋稳定之时,俄罗斯政坛再度爆发新的危机:叶利钦总统于 1999 年 5 月 12 日宣布解除普里马科夫的政府总理职务。叶利钦总统的这一决定使得本来就难以预测的俄罗斯政局和经济发展前景变得更加扑朔迷离。

拥有上将军衔的斯捷帕申总理

早年经历

谢尔盖·斯捷帕申,1952 年出生在中国旅顺,其父是前苏联海军太平洋舰队的军官。他 1973 年毕业于前苏联内务部高等政治学校,1981 年毕业于列宁军事政治学院。1987 ~ 1990 年间,他多次赴热点地区参与"平暴"行动。1993 年进入切尔诺梅尔金政府,随后担任俄罗斯头号安全官员。1994 年,他被任命为俄联邦反情报局局长。由于表现出色,他又被晋升为俄联邦安全局局长。1995 年,斯捷帕申因未能成功解救出被反叛分子关押的人质而被解除了局长的职务。1997 年,斯捷帕申再度出山,接任因性丑闻而被解职的司法部部长的职

谢尔盖·斯捷帕申

务。从那时起,他先后又担任主管反犯罪和反腐败的内务部代理部长、内务部部长等职。斯捷帕申是叶利钦总统身边最忠诚、任职时间最长的助手。1999 年 4 月 27 日被任命为俄政府第一副总理。不到一个月后,便升任政府总理。

接任总理

在解除普里马科夫的总理职务、解散普里马科夫政府的同时,叶利钦总统提名俄罗斯第一副总理兼内务部长谢尔盖·斯捷帕申为代总理。叶利钦总统说,斯捷帕申在政府和护法机关工作出色,作为代总理人选得到了普里马科夫的支持。由于俄共等反对派在弹劾总统问题上受挫,如在这种情况下与叶利钦总统在总理人选问题上继续较量,杜马本身有被总统解散之虞。权衡利弊,俄罗斯国家杜马在 1999 年 5 月 19 日顺利通过了斯捷帕申的总理提名。

在俄罗斯历任总理中,斯捷帕申的军人背景显得格外抢眼。除了短时期担任过政府办公厅行政局长和司法部长等文职外,这位在出任总理前拥有上将军衔的军人,一直在俄罗斯内卫和安全部门工作。

用叶利钦总统的话来说,他解除普里马科夫的总理职务是由于普里马科夫未能按期恢复正常的经济运行。那么他重新选中的斯捷帕申总理能否担起如此重任呢?

斯捷帕申做了最大的努力:推行更明确更坚定的市场经济改革,同时保持普里马科夫政府政策的连续性。

经济政策

斯捷帕申政府继续执行上届政府的政策。

斯捷帕申在政府施政纲领报告中指出,普里马科夫政府的经济政策没有使俄罗斯继续滑向深渊,但也没能从根本上扭转经济以及社会领域的危机局面。斯捷帕申总理提出了使国家摆脱危机的七项任务:

针对实施经济转轨几年来俄罗斯居民生活水平的大幅度下降以及政府拖欠工资、退休金和津贴数额的增加,斯捷帕申政府强调必须保证增加居民的实际收入,采取使预算拨款部门工作人员和退休人员收入指数化的措施。斯捷帕申提出,国家无权对那些无法适应新的生活条件、不仅没有从改革中获得好处反而受了损失的人漠不关心,不能为了改革而改革,而是为了人民的需要才进行改革。

俄罗斯经济转轨以来实行的贸易自由化使潮水般涌入的外国商品压倒了本来就危在旦夕的俄罗斯轻工业和食品工业,国内市场上 40% ~ 50% 的商品都是进口货,国家的经济安全面临着严重威胁。对此,斯捷帕申政府强调要采取各种措施,扶持国内生产厂家,尤其是在食品生产领域,保护国内市场,保障国家的经济安全。

“影子经济”是在商品,特别是消费品供应短缺的条件下产生的,而经济转轨过程中有关法律的不完善和国家对法律的执行监督不力则加剧了"影子经济"的发展。据估计,前苏联后期的"影子经济"相当于国内生产总值的1/6。而自1992年以后,俄罗斯"影子经济"的发展日益猖獗,其产值已占国内生产总值的50%,"影子经济"甚至比合法经济还活跃。而"影子经济"的最大弊端在于影响国家预算收入的完成,使国库空虚,严重影响国家调节经济的物质基础。斯捷帕申政府强调要坚决打击这种几百万人在从事的"影子经济",不允许这种从内部瓦解国家的犯罪和营私舞弊现象再继续蔓延下去,尤其是要整顿酒类市场秩序。在前苏联时期,国家从酒类消费税中得到的收入大约占预算收入的57%~80%,而到1998年,这一指标下降到3.4%。所以,斯捷帕申政府决定,到1999年底使酒类消费税得到的收入占预算收入的比重达到25%,并将此视为增加国库和地方预算收入的来源。

俄罗斯内务部的统计,自1992年以来大约有3 000亿美元资金非法流往国外。

看到这一潜在的资源,斯捷帕申政府强调要创造稳定的经济和政治条件,建立外流资金返回机制,使这些资金用于俄罗斯经济,而不是用于西方国家经济。

经过异常艰苦的谈判,在此次政府危机之前。国际货币基金组织已经同意为俄罗斯提供40.5亿美元的贷款,并且考虑追加30亿美元。但由于普里马科夫突遭解职,国际货币基金组织马上表示暂时中止新贷款的发放。对于自实行经济转轨以来一直依赖西方贷款和援助的俄罗斯来说,国际货币基金组织暂时中止贷款的行动又会对俄整个经济形势形成新的冲击波。所以,斯捷帕申政府还必须加紧与国际金融机构和贷款人进行谈判,争取贷款如期到位。同时,斯捷帕申还宣布将成立一个由政府总理领导的跨部门委员会,详细分析外债的使用情况,改变贷款被无效使用和公开瓜分的状况。

尽管普里马科夫政府在整顿金融秩序、恢复银行系统方面做了很多工作,但实际情况仍然不能令人满意。到1999年初,俄罗斯大约有1 400家商业银行,其中950家的经营状况比较稳定,其余的银行都存在或大或小的问题。

斯捷帕申政府的经济政策是普里马科夫政府政策的延续,并没有什么新的内容。在叶利钦总统看来,斯捷帕申政府的使命是使俄罗斯重新回到总统坚持和欣赏的激进改革的轨道上来,但作为政府总理的斯捷帕申既没有提出什么新的改革纲领,又没能阻止反对派的联合与壮大,所以只能再次换将。1999年8月9日,叶利钦总统宣布解除斯捷帕申的总理职务。斯捷帕申下台波澜不惊,人们早已见怪不怪了。

带领国家走上复兴路的普京总理

早年经历

弗拉基米尔·普京 1952 年 10 月 7 日生于列宁格勒（现名为圣彼得堡）。1975 年毕业于国立列宁格勒大学法律系，随后进入苏联国家安全委员会从事对外情报局工作。进入情报局后，普京被送入海外谍报学院接受培训。在此期间，普京练就了坚韧的性格和顽强的毅力，他对组织和在上下级关系中表现出绝对的忠诚，将国家利益视为至高无上的信条。

从 1985 年开始，普京开始被派驻柏林的情报机构。1989 年，普京回国后到母校列宁格勒大学担任副校长的国际问题助理。1991 年，普京大学时期的恩师

普京总理

索布恰克当选圣彼得堡市市长，普京出任市政府对外联络委员会主席。1994 年升任圣彼得堡市第一副市长。在圣彼得堡市工作期间，普京一方面作为市长的忠实助手，另一方面也表现出自己在处理圣彼得堡事务中的不可或缺，他的组织能力得到了同事们的高度评价。

从 1996 年开始，普京升迁莫斯科。1996 年 8 月普京担任总统事务管理局副局长，这是一个非常有实权且重要的部门，负责管理叶利钦总统府庞大的资产。1997 年 3 月普京加入了叶利钦总统的行政班子，任总统办公厅副主任兼总统监察总局局长。1998 年 7 月起，出任俄联邦安全局局长。该局是前苏联解体后取代苏联国家安全委员会的安全机构，地位非同一般。1999 年 3 月，普京被任命为俄联邦安全会议秘书，同时保留俄联邦安全局局长的职务。因此可以认为，普京是自苏联解体以来在俄罗斯第一个集国家两个强力部门领导权于一身的人物，这也表明了叶利钦对普京的赏识。

接管权力

俄罗斯政坛引人注目的现象是频繁的政府更迭。从 1998 年 3 月到 1999 年 8 月短短一年半的时间里，有五任总理。切尔诺梅尔金、基里延科、普里马科夫和斯捷帕申走马灯似的来了又去，下一个轮到了普京。曾长期在俄罗斯安全部门工作的普京打击恐怖主义是内行，车臣问题的解决又使普京的威望不断上升。

随着车臣问题的解决,人们的主要注意力将会重新回到经济问题上来,因此普京将采取什么样的经济政策令人关注。

在1999 年8 月9 日到8 月16 日短短七天的时间里,叶利钦总统解散斯捷帕申政府,解除斯捷帕申总理职务,同时任命普京为俄联邦政府第一副总理、俄联邦政府代总理。8 月16 日,普京顺利通过国家杜马的投票,正式就任俄联邦政府总理。

1999 年的最后一天,俄罗斯政坛爆出一声惊雷:叶利钦辞去俄联邦总统之职,任命普京为代总统。将俄罗斯的未来交给了刚刚上任四个多月的普京总理。

普京长期在国家安全部门工作,没有从事经济工作的经历。在担任总理初期,当谈到新政府面临的主要问题和任务时,普京的言论显得很平淡,强调政府的经济政策在很大程度上将是上届政府政策的延续,继续进行前几任总理开始的改革。但到1999 年底,普京发表了长篇纲领性文章《千年之交的俄罗斯》,其中全面阐述了政府的经济政策,强调要将市场经济和民主的普遍原则与俄罗斯的现实有机地结合起来,摸索自己的改革道路和寻找自己的模式。

客观认识

普京上台后客观评价当时俄罗斯形势,全面分析危机的原因。他指出,近几年的俄罗斯在政治和社会经济动荡、剧变及激进改革中已经精疲力竭,民族的忍耐能力、生存能力和建设能力都已处于枯竭的边缘,"社会简直要崩溃,从经济上、政治上、心理上和精神上。"谈到经济形势,普京认为今天的俄罗斯并不同于当今世界经济和社会发展水平最高的国家。20 世纪90 年代俄罗斯国内生产总值几乎下降了50% ,仅相当于美国的1/10,中国的1/5。1998 年金融危机后,俄罗斯人均国内生产总值降至3 500 美元,这仅是"七大国"平均水平的1/5。俄罗斯面临着十分复杂的经济和社会问题。主要是:

1. 经济结构畸形　当时俄罗斯国民经济中关键的行业仍是燃料工业、电力工业、黑色和有色冶金工业。它们在国内生产总值中大约占15% ,在工业产值中占50% 。而在出口中所占的比重超过了70% 。

2. 劳动生产率极低　统观俄罗斯的部门产业,只有原料和动力部门的劳动生产率接近于世界平均水平,而其他行业的劳动生产率则低得多,大约比美国低20% ~ 24% 。使用期在五年以下的设备在全部设备中所占的比重从1990 年的29% 下降到1998 年的4.5% ,而这一指标在很大程度上决定着产品技术水平的高低。俄罗斯70% 以上的机器设备使用期已超过了10 年,这个指标高于经济发达国家一倍以上。

3. 投资减少　由于俄罗斯国内投资环境不稳定,大量资金流往国外,国内投资少得可怜,外国投资者也不急于向俄罗斯投资,外国对俄的直接投资总额为115 亿美元。

4.人民生活水平下降　　俄罗斯出现了十分普遍的贫困现象。1998 年初世界人均年收入大约为 5 000 美元,而俄罗斯只有 2 200 美元。1998 年的金融危机使人们更明显地感到收入的降低,1999 年也没能使人们恢复到金融危机前的水平。改革这些年来,工资在 GDP 中的比重从 50% 降为 30%。此外,像健康状况和平均寿命这样一些关键性的生活质量指标都在恶化。

普京认为这种困难的经济和社会状况,一方面是前苏联时期的经济模式造成的,另一方面也是经济转轨过程中的失误和错误造成的。普京指出,在笨重和畸形的经济结构的基础上向市场经济转轨,俄罗斯不得不付出极高的代价:为前苏联经济体制所固有的过分依赖原料工业和国防工业而损害日用消费品的生产付出代价;为不够重视现代经济的关键部门(如信息、电子和通信)付出代价;为不允许生产者进行市场竞争付出代价;为限制甚至压制企业和个人的创造性和进取精神付出代价。

改革战略

普京汲取了 20 世纪 90 年代的教训,提出最为合理的改革战略。俄罗斯政坛彻底告别了叶利钦时代那种政府频繁更迭、社会动荡不安的局面。稳定的政局和相对平静的社会环境为俄罗斯经济走向正轨提供了良好的机遇。

自普京上台以来,俄罗斯非常重视对农业的投入,俄罗斯的粮食总产量大幅增长,创历史最高水平。俄罗斯对税收的管理明显加强,正是由于税收能够按时完成,保证了政府预算收入满额到位,也使政府预算部门的财政支出和职工工资、退休人员的养老金都能按时发放。到 2001 年,俄罗斯政府财政预算不仅避免了赤字,还略有盈余。

普京担任俄罗斯总统 8 年,在重振俄罗斯大国雄风上交出了一张漂亮的成绩单。当初,从叶利钦手里接过政权时,俄罗斯正值内外交困。普京用了 8 年时间,一手缔造俄罗斯的经济繁荣。虽然这在很大程度上得益于能源和原材料价格上涨等大环境的利好因素,但是普京准确把握国家战略发展方向,可见其执政才能很不一般。普京不是经济学家出身,作为把握经济方针政策的国家领导人,他在 8 年之内带领俄罗斯走出叶利钦时期"濒临破产"的困境,至少可以证明普京是一个很好的帅才,其个人权力和威望也随之达到巅峰。在很多俄罗斯民众心目中,普京是一个"不败的神话"。

临阵换将的叶利钦总统

冒险少年

鲍里斯·尼古拉耶维奇·叶利钦,1931 年 2 月 1 日,出生于俄罗斯一个普通农户家,他是这个家庭的长子。

叶利钦满月后,年轻的父母就带着他到教堂接受洗礼,洗礼完后,神父只顾跟别人闲聊,忘了将桶中受洗的叶利钦捞出来,后来还是叶利钦的母亲扑过去将儿子救起来,但已是奄奄一息!父亲因此给大难不死的儿子取了个名字"鲍里斯·叶利钦","鲍里斯"在俄语中意为勇士、斗士。日后的叶利钦果然不负父望,成为俄罗斯当代政坛上一名性格刚强、作风勇猛的斗士。

叶利钦的童年和少年都是在艰难的环境中度过的。由于前苏联当时大规模的农业集体化运动,一家人的日子过得相当清苦。小小年纪的叶利钦和母亲到邻近的农庄干活,贴补家用,回到家中还得干家务活。但叶利钦从小就有叛逆和冒险精神,10 岁那年,德国纳粹入侵前苏联。在敌后的家乡,叶利钦和几个小伙伴偷偷跑到苏军的弹药库,弄来了两颗手榴弹,正在拨弄时,手榴弹突然爆炸,叶利钦侥幸再次大难不死,但左手的两根手指却被炸掉了。

叶利钦自小学习成绩不错,但他有着矛盾的双重性格。他自由散漫,行事鲁莽,好出风头,喜欢打架。在他登上俄罗斯的权力巅峰后曾坦率地承认,年少时有一次打群架被打昏在地,被伙伴们抬回家。可以说,作为政治家所特有的富于冒险、铤而走险、不惜孤注一掷的"叶利钦风格"在他少年时代就已初露端倪。

叶利钦出生于俄罗斯的一个普通农户家中

宦海沉浮

1954 年大学毕业后,叶利钦从一名普通的建筑工人慢慢干起。1959 年,做了总工程师,1961 年担任建筑局局长,这年他 30 岁,同年加入苏联共产党。以后又担任州党委建筑部部长和州委书记,他在这个州工作了 30 年!成为州里名噪一时的头号人物。

1961 年担任建筑局局长,同年加入苏联共产党,以后步步高升

1985 年,与叶利钦同龄的戈尔巴乔夫上台执政,实行所谓"人道的民主的社会主义"。一大批基层干部走进苏共中央领导岗位,戈氏此时看中了以前在工作中认识的同僚叶利钦,将其调到莫斯科,任命他为苏共中央建筑部部长,叶利钦终于迈出了从地方政治人物到全国性政治家乃至克里姆林宫主人的关键一步!

也就是这一年,叶利钦陪戈尔巴乔夫去前苏联石油重地秋明视察,在那里叶利钦认识了当时的国家天然气工业部部长切尔诺梅尔金(在后来的政治生涯中,两人逐渐结为政治伙伴)。在秋明之行中,大权在握的戈尔巴乔夫对叶利钦的工作能力和作风更为赏识,年底就一手提拔他出任苏共政治局候补委员兼莫斯科市委第一书记。

任莫斯科市委书记后,叶利钦进行了大刀阔斧的改革,短短几个月,莫斯科33 个区的区委书记就有23 个被叶利钦罢了官免了职。在任期间,由于他不能同党中央保持一致,1987 年,苏共将其解职,任他为徒有空名的建设委员会主任,保留部长级待遇,第二年初又被免去政治局候补委员一职。经过多年政治舞台的风吹雨打,叶利钦已慢慢成为一个比较老练的政治家了。

1990 年叶利钦辞去建委职务,宣布退出苏共,参选前苏联人民代表,这标志着他与提携他的戈尔巴乔夫分庭抗礼。经过竞选,1990 年 5 月俄罗斯苏维埃联邦第一届人民代表大会选举叶利钦为最高苏维埃主席。叶利钦再度浮上政坛。

1991 年 6 月,叶利钦最终以 58.9% 的选票当选俄罗斯历史上首位总统,这一年叶利钦 60 岁,苏联一个国家内出现了两个总统(戈尔巴乔夫是苏联总统),

两个政权,苏联分裂的征兆开始显露。叶利钦与戈尔巴乔夫的权力斗争也进入了白热化阶段。

1991 年的叶利钦与戈尔巴乔夫

　　这时苏联的民族危机与经济危机都已是潜流汹涌,进入总暴发的前夜。加盟共和国民族纠纷不断,民族主义浪潮冲击着联盟的基础;社会经济秩序走向崩溃,物品价格飞涨,人民生活水平倒退了几十年。为防止各共和国日益严重的分离主义倾向,戈尔巴乔夫提出了"主权共和国"联盟的构想,联盟草案准备丁 1991 年 8月 20 日由各共和国签署。

权力顶峰

　　1991 年 8 月 19 日,苏联历史上又一个震惊世界的日子,苏联国家通讯社塔斯社向全世界播发了国家紧急状态委员会的《告苏联人民书》:苏联总统戈尔巴乔夫因健康原因不能履行职权,由副总统代行总统职务。在莫斯科等地实施紧急状态,军队开进了市区,控制了一些权力中枢。但紧急状态委员会犯了一个致命的错误:没有逮捕反对派领袖叶利钦!这使叶利钦赢得了极为宝贵的时间,他

"8. 19"行动彻底流产,
叶利钦成为苏联的"大英雄"

从广播里听到政变消息后紧急赶到俄总统办公室,召开俄高级领导人紧急会议,采取了一系列措施,并率先跳上倒戈的坦克,号召人民和军队起来反抗紧委会,紧委会不得不把部队撤出市区。"8.19"行动彻底流产,叶利钦成为前苏联的"大英雄",声望如日中天。

"8.19"事变正为叶利钦和反对派执掌克里姆林宫提供了绝好的机会。叶利钦宣布全俄实行非党化,苏共被挤出政治舞台,各加盟共和国纷纷宣布独立。12月28日,俄总统叶利钦与乌克兰、白俄罗斯总统在白俄罗斯首都明斯克秘密聚会,发表《明斯克声明》,宣布了前苏联的实际解体。"8.19"事件最终使叶利钦登上了克里姆林宫权力的顶峰。

金融危机

1998年3月叶利钦突然解散了切尔诺梅尔金政府,由此开始了叶利钦时代的最后阶段。这一阶段突出特点是叶利钦走马灯式地频繁更换政府,并且似乎已经完全乱了章法。基里延科政府任职仅5个月便被免职,任命切尔诺梅尔金复出受阻,叶立即改主意挑选了普里马科夫。普氏上任仅8个月就被免职,换上斯捷帕申,斯捷帕申政府的寿命更短至两个多月,又换了普京。

1991 年12 月28 日,由叶利钦主导,宣布苏联的实际解体

叶利钦此时用人似乎已经完全不顾政绩标准:切尔诺梅尔金是在俄经济止跌回升、形势看好时被免职,普里马科夫是在克服金融危机、稳定经济初见成效时被免职。斯捷帕申之免也是莫名其妙,只有基里延科是碰上了"8月金融危机",但严格地讲主要责任也不在他。叶利钦用人此时似乎也没有了价值标准:

基里延科接近于民主派,切尔诺梅尔金是寡头新权威主义者,普里马科夫以下三人都是克格勃出身,而普里马科夫本人倾向"中左",斯捷帕申和普京则纯属事务官员。总而言之,叶利钦此时用人施政已既不讲政绩也不讲"主义",纯属为保住自己的地位及其善后而玩弄权术。因此很自然,这时的叶利钦几乎受到各方的一致批评,包括原来拥护他的寡头派。

　　叶利钦如此乖戾固然与他在权力无制衡情况下"病夫治国"之不智有关,但也反映了叶利钦时代政治上的新权威加经济上的寡头化的危机。在这一阶段中,经济虽然止跌回稳,国有资产也被寡头们瓜分得差不多了,但社会矛盾却积累起来,而叶的声望也进一步下降。在眼看叶利钦病体难支、不能久任的情况下,叶利钦身边的小圈子行为日益短期化,他们不仅不能为俄国的长远利益、甚至已经不能为他们在上一阶段所依靠的社会基础,即金融工业集团的长远利益考虑,而只是着眼于怎样能实现一种在"后叶利钦时代"尽可能保住自己既得利益的善后安排。

叶利钦任命名不见经传的普京为自己的接班人

　　这就导致叶利钦在这一个阶段的行为越来越走向个人权术。而这样的短期行为又使俄国的转型期危机拖长、经济发展受损。本来在切尔诺梅尔金政府末期已开始回升的经济,在进入"走马灯时代"后又趋恶化。政府短期行为导致社会短期行为,尤其是资本的短期行为。而资本的短期行为则是金融危机的直接成因。"8月金融危机"虽然有其深层、宏观的原因:无投资激励机制经济不能真正稳定、国际油价下跌致使俄国家财政状况恶化、亚洲金融危机的影响、俄金融系统的体制性问题等。但人们的心理预期恶化造成抽逃、挤兑无疑是危机的导火索。而形成这样的心理预期,叶利钦末期的唐突举措要负一部分责任。

　　8月危机沉重打击了俄罗斯的经济及其转轨过程,也使叶利钦的声望进一步掉到谷底,而这又反过来使叶利钦身边的"圈子"更担心"后叶利钦时代"的局面,从而使叶利钦的行为更加短期化,如此恶性循环,终于使叶利钦的政治生涯趋于终结。

普京就职后和前总统叶利钦一同检阅总统警卫团

第十二章

1999年巴西金融危机

1998 年秋天,巴西政府的国内负债为 2 980 亿美元(虽然实施国营企业私有化,让政府增加了 840 亿美元的收入),国外负债为 2 280 亿美元,而且其中的 420 亿美元下一年度即将到期。当时巴西的预算赤字就占了国内生产总值的 7.2%。

在此情况下,巴西政府决定采用各国政府最常用的金融手段,就是调高利息(部分调幅甚至高达 49.75%)来诱使资金留在国内,但这样却提高了巴西公债的成本,导致负债金额大幅增加。调高利息让一般民众变得连分期付款都无力负担,沉重的利息负担扼杀了巴西的经济,数以万计的汽车就堆放在荒地上。

巴西货币雷亚尔

1999 年 1 月 7 日,巴西米纳斯吉拉斯州宣布该州因财源枯竭,90 天内无力偿还欠联邦政府的 154 亿美元的债务。这导致当日巴西股市重挫 6%,巴西政府债券价格也暴跌 44%,雷亚尔(Real)持续走弱,大量资金逃离巴西。央行行长在三周内两度易人,虽然巴西政府为短期的外国投资者提供了所得税免税优惠,但更多的资本仍然逃离巴西。

巴西人自己都争相将雷亚尔换成美元储存,企业和集团更是提早就把利润汇到国外,资金为了寻找安全之地,不断流出巴西,最后甚至到了一天流失 10 亿美元的惨境。央行不断买进雷亚尔以求支撑巴西币值。原本充裕的货币储备,总额超过 700 亿美元,不过才数周,到了 1998 年 9 月底竟然只剩下约 470 亿美元。巴西的股票交易指数更是一路从 12 000 多点滑落 1998 年 9 月 16 日的 5 665 点。突然的萧条就像是降临的天灾,似乎要把巴西彻底摧毁。巴西存在着经济崩溃的危险。

巴西是美国的一个非常重要的贸易伙伴,与美国银行界的业务往来更是极其密切。因此巴西的金融危机一出现,国际货币基金组织便挺身而出,与巴西政府就援助协议的内容进行磋商:巴西可以得到 415 亿美元的援助贷款,但是必须将财政预算削减为 87 亿雷亚尔,还必须放弃对资本交易的控制,保证一定偿还债务,继续进行企业私有化以及立即着手改革税务系统、劳动力市场和金融体系。

国际援助的消息缓解了巴西境内紧张的经济形势。投资信心相继萌芽。仅 1998 年 10 月外国投资者就净汇入 2 790 万雷亚尔,重新投入巴西股市。股价节节上涨。

1998 年 12 月 3 日,卡多索政府将其与国际货币基金组织所达成的援助协议案提交国会表决——结果竟遭否决!霎时谣言满天飞,结果再次引发股市崩盘。几小时内巴西股价指数就下跌了 8.8%。受巴西股灾影响最严重的是阿根廷,其股市重挫幅度也高达 6.55%。

国际货币基金组织,在 1998 年 12 月 2 日通过了给巴西 181 亿美元、为期 3 年的贷款。在巴西政府的努力下,国际货币基金组织和投资者逐渐信任巴西。

1999 年 1 月中旬,巴西前总统要求延期偿付其州政府对联邦政府的借款,市场上笼罩着强烈的不安气氛。

1999 年 1 月 12 日,巴西股指一早开盘跌幅就高达 6.54%,收盘时更以下挫 7.62% 的幅度,收在 5 916 点。

第二天开盘 15 分钟后,大盘跌幅就超过了 10.23%。同一天巴西央行将原本定于 1.12~1.22 的汇率浮动区间调整为 1.2~1.3;但巴西货币雷亚尔的贬值幅度还是高达 8%。收盘时 1 美元可兑换 1.32 雷亚尔。此时巴西的外汇储备只剩下 350 亿美元。到了 1999 年 1 月 15 日,央行决定让雷亚尔的汇率自由浮动。于是从 1 月 15 日至 5 月 7 日,雷亚尔贬值的幅度接近 70%。

点燃金融危机导火索的前总统

拒绝偿债

1994 年,巴西政府为遏制恶性通货膨胀,宣布实行坚挺雷亚尔计划。雷亚尔是巴西的货币单位,政府规定 1 雷亚尔兑换 1 美元,这一外汇政策在后来的 4 年里取得了良好的效果,使巴西经济实现了软着陆。但似乎是应了"是药三分毒"这句谚语,人为高估雷亚尔的价值使巴西出口困难,加之拉美国家挥之不去的外债问题以及索罗斯等国际金融炒家又盯上了这个有缝的蛋,雷亚尔一时间笼罩在山雨欲来风满楼的飘摇中。

然而,具有讽刺意味的是,触动巴西金融危机按钮的人,不是金融大鳄,不是国际炒家,而是巴西自家人,前总统——伊塔马尔·弗朗哥。

1999 年 1 月 6 日,刚刚过完新年第一个长周末的人们依然沉浸在欢乐喜庆之中。

午时 12 分,巴西米纳斯吉拉斯州立电视台突然中断了正常的午间新闻节目,刚刚上任的州长、巴西前总统伊塔马尔·弗朗哥出现在电视观众面前,神色严峻地向全州宣布:州政府决定,90 天内暂不偿付欠联邦政府的 154 亿美元的债务。此外,州政府也无能力支付 2 月 10 日到期的由该州发行的约 1.08 亿美元欧洲债券。

政府反应

这一决定一经播出,立即在巴西政界和经济界引起轩然大波:是不是伊塔马尔·弗朗哥胆子太大了? 还是巴西政府隐藏着什么潜在的政治危机? 抑或这是经济风暴来临前的第一声惊雷?

实际上,不单是米纳斯吉拉斯州,巴西联邦政府同下属的其他另外 6 个州的州政府在偿还债务问题上都存在严重分歧,这已成为巴西政治、经济生活的第一要事,投资者极为关切。此事处理不当,不仅会阻碍巴西克服金融动荡,还将损害巴西的国际形象,不利于吸引外资。

12 小时后,巴西联邦政府断然决定,扣发对米纳斯吉拉斯州大约 1 000 万美元的拨款,此外,联邦政府还部分扣发了和米纳斯吉拉斯州有类似情况的南里约格朗德州的拨款。与此同时,执政联盟各政党纷纷起来指责伊塔马尔·弗朗哥的做法有损于国家信誉,不利于克服目前国家面临的经济困难。

为避免事态进一步扩大,各政党领导人均强烈希望伊塔马尔·弗朗哥能和联邦政府坐下来,通过谈判协商解决这场债务冲突。

磋商解决

各政党领导人的呼吁起到了作用。1 月 18 日,巴西延期还债的 7 个州州长

伊塔马尔·弗朗哥

提出同联邦政府磋商解决推迟偿还债务问题。与此同时,卡多佐总统拟定召开包括巴西利亚联邦区在内的全国州长会议,以妥善解决这一问题。

1月21日,米纳斯吉拉斯州政府宣布,该州准备裁减25%的行政人员和拍卖670辆公用汽车,以节省开支。

对于巴西政府的态度,国际货币基金组织也作出反应,表示支持巴西政府的立场,并对巴西能克服经济和财政困难抱有信心。

引发危机

由于投资者对巴西政府能否安然度过这次债务风波并不乐观,他们对巴西能否履行为获得415亿美元贷款同国际货币基金组织达成的协议产生了怀疑,国内各大股市立即作出强烈反应:拉美最大股市巴西圣保罗股市和里约热内卢股市继11日分别下跌5.57%和5.6%以后,12日继续大幅度下挫,圣保罗股市主要股票指数下跌了7.62%,累计跌幅超过19%。拉美第二大股市里约热内卢股市也随之下滑7.47%。

巴西金融危机的导火索由此点燃。

仅任职三周的央行行长

实施新政

1999年1月13日上午10时,巴西政府在圣保罗召开新闻发布会,宣布由中央银行经济政策和金融部主任弗朗西斯科·洛佩斯接替古斯塔沃·佛朗哥任巴西中央银行行长职务。

原巴西央行行长古斯塔沃·佛朗哥是巴西总统卡多佐经济班子的核心人物之一,他一直奉行保持雷亚尔相对稳定的货币政策。巴西国内一直传闻佛朗哥将辞去央行行长职务,但卡多佐总统曾一再强调其地位不会动摇。然而,13日传闻竟然真的变成了现实。

新任行长弗朗西斯科·洛佩斯接任行长职务后,立即宣布调整现行汇率政策:将本国货币雷亚尔对美元的汇率从1.12~1.20雷亚尔兑换1美元调为1.20~1.32雷亚尔兑换1美元,即将雷亚尔贬值约8.5%,巴西执行长达52年的"雷亚尔计划"一夜间顿遭流产。

洛佩斯还透露,政府希望到2000年1月,雷亚尔累计贬值达到12%~15%。他认为,采取较灵活、宽松的兑换政策有利于降低利率。

加剧动荡

这一消息令市场大为震惊,因为自1994年实施雷亚尔计划以来,巴西一直保持雷亚尔同美元比价基本不变,年均贬值幅度在6%,这一货币政策得到了国际货币基金组织的认可。1999 年巴西原计划全年货币贬值 7.2%，不料一夜之间贬幅便超过了这一计划。洛佩斯的一席话使投资者惊觉了巴西政府重大的经济决策变化，纷纷猜测其中的缘由，是政府为渡过难关采取的权宜之计？还是巴西经济本身有难治的顽疾？但无论如何，国内外投资者的信心是进一步动摇了。巴西政府的这一举措使巴西金融市场陷入动荡，在国际上引起强烈反响。

在巴西政府宣布汇率政策调整之后，连续动荡了 4 天的巴西两大股市——圣保罗和里约热内卢股市 13 日一开盘便直线下跌，13 分钟内主要股票指数均跌破 10% 大关管理当局不得不启动"断路装置"，中止交易半小时，以避免造成更大损失。

汇市方面，由于市场反应认为雷亚尔贬值幅度过小，投资者继续抢购美元。为维持汇率，央行虽已抛出了数十亿美元救市，如泥牛入海，未见丝毫成效。

面对突变的金融市场局势，卡多佐总统立即向全国发表了电视讲话，暂时稳定了市场的信心。

1 月 14 日，股市行情非但没有出现好转，跌势反而继续扩大，巴西圣保罗和里约热内卢股市，再次严重受挫，主要股票指数的跌幅均超过 9%，为新年以来最大跌幅：圣保罗证券交易所当天收盘时，主要股指的跌幅达到 9.02%，比上一个交易日增加近四个百分点。

巴西另一家证券交易所里约热内卢的情况更坏，股市行情一路走低，主要股票指数继前一天下挫 5.56% 后 15 日又下跌 9.6%。

由于金融局势波动不稳，资金外流仍为人们所关注。据巴西有关部门的统计，在 20 天内，就有约 50 亿美元的资金从巴西流走，巴西的外汇储备已不到 300 亿美元。

稳定局面

1 月 15 日，巴西中央银行宣布仍暂不对外汇市场进行干预，这意味着美元对巴西货币雷亚尔的比价在汇市上可以自由浮动。巴西央行的这一决定是在美元对雷亚尔的比价 15 日突破了 13 日刚刚确定的新比价后被迫作出的。当日上午，美元对雷亚尔的比价达到 1：1.40，超出巴西中央银行 13 日制定的 1：1.32 最高限价。

雷亚尔放弃了虚假的坚挺身价，实行浮动汇率，虽然汇率一路走低，但这意味着巴西政府适时地调整了外汇政策，对巴西整个经济的增长是有利的。在这种预测与期望下，1 月 15 日的股市表现得十分理想，拉美两个最大股票市场圣保罗和里约热内卢股市大幅度反弹，分别上扬 33.4% 和 30.3%，创下自 1991 年 2 月以来的最高升幅。

1 月 18 日，巴西中央银行发表一项公报，正式决定长期实行 1 月 15 日宣布的该国货币雷亚尔对美元和其他外币汇率自由浮动的政策。

公报说，从即日起，巴西政府将让市场来调节汇率，中央银行只有在市场出现雷亚尔对美元汇率过度浮动的情况下才会进行有限的和暂时的干预。

政府政策方面的风吹草动,立即影响到股市和汇市。投资者认为巴西目前的汇率水平已趋于正常,投资价值凸显,圣保罗和里约热内卢两大股市延续15日的大幅反弹,18日仍保持上升势态,两地股市升幅均在3%以上。与此同时,18日临近收盘时,由于获利回吐,雷亚尔对美元比价又降至1.50:1的水平。

在持续了一周的剧烈起伏动荡之后,巴西金融市场逐渐趋稳。巴西财政部长1月20日表示,国际投资者对巴西信心依旧,相信巴西金融市场不久即可稳定。而巴西新任中央银行行长洛佩斯也强调,雷亚尔在持续贬值之后有望达到平衡,央行认为雷亚尔对美元的比价在1.60:1以下是比较合理的水平。

这些讲话极大地稳定了市场的局面,1月20日收盘时,雷亚尔对美元的比价达到1.57:1,与前一天的汇率大致持平。股票市场则升势不减。在连续三个交易日上涨后,20日圣保罗股市又上涨了3.98%,而里约热内卢股市则因欢度城市节而闭市一天。雷亚尔在巴西政府的坚决扶持下,终于勉强站稳了脚跟。

巨额赤字

就在这场雷亚尔风波似乎渐渐平息之际,1999年1月21日,又有一石激起千层浪,意想不到的事情再次发生了。

巴西政府21日宣布,1998年经常性项目赤字占国民生产总值的4.48%,高于1997年4.16%的水平,这一消息使投资者刚刚振作起来的乐观情绪逐渐降温,市场上抛售雷亚尔的压力再次骤增。此外,近期内巴西企业到期外债逐渐增加,也进一步加剧了外汇市场供不应求局面,造成美元持续升值。当天雷亚尔对美元的比价一度高达1.74:1,但收盘时略有回跌,达到1.70:1的水平,与前一天相比,雷亚尔跌幅仍达到8%。至此,自1月12日巴西央行正式宣布雷亚尔贬值以来,雷亚尔的贬值幅度已经达到了30%,如何防止通货膨胀的再次抬头成为巴西政府迫在眉睫的问题。

汇市不稳也带动了股市下挫,截止收盘时,圣保罗股市下跌了4.5%,而里约热内卢股市也随之下挫了1.4%。渐趋平静的市场气氛顿时又变得紧张起来,该日外汇市场又再次出现大量外资抽逃。

雷亚尔再次大幅贬值后,巴西央行行长洛佩斯再次表示,政府采取浮动汇率制的决心并未动摇,巴西政府不会恢复固定汇率制,而央行对于市场的表现则不予评价。

卡多佐总统也再次强调,财政部长将继续留在内阁,以稳定市场信心。然而,市场人士却认为,巴西政要在各种场合不断表态,说明该国最近金融局势比较紧张,而不足300亿美元的外汇储备显然限制了政府的干预能力。

本打算放手实行自由浮动汇率政策的巴西央行,此时已顾不得囊中羞涩,1月22日,迫于压力,巴西中央银行再也坐不住了,不得不入市干预,巴西货币雷亚尔对美元的汇率因而再度出现波动。

巴西汇市 1 月 22 日当天开盘就走势不妙,雷亚尔对美元比价一度升至 1.85∶1 的最高水平。央行很快干预汇市,致使雷亚尔对美元比价回落至 1.65∶1。但由于卖压增大,最后收盘价为 1.72∶1,与前一天大致持平。

受汇市波动影响,巴西股市 22 日也有所下跌。圣保罗和里约热内卢两大股市分别比上一个交易日下跌 1.7% 和 1.8%。

处置不力

1 月 29 日,形势继续恶化,巴西货币雷亚尔继续大幅度贬值,达到 1 美元兑换 2.20 雷亚尔,创雷亚尔比值的最低纪录。该日雷亚尔对美元的比价同 1 月 18 日巴西政府宣布正式实行自由浮动汇率政策时 1 美元兑换 1.59 雷亚尔相比,雷亚尔贬值已达 38%;同 1998 年底 1 美元兑换 1.20 雷亚尔时相比,贬值幅度则为 83%。

巴西官方认为,新出现的这一情况是"不正常的",这种情况导致了洛佩斯与财政部长在经济政策上发生分歧;财政部长认为洛佩斯仅仅是位经济学家,不是政府现时急需的富有经验和铁手腕的市场操作者。

1999 年 1 月 31 日傍晚,弗朗西斯科·洛佩斯正在里约热内卢为即将同国际货币基金组织副总裁的谈判作准备,突然接到财政部长的电话。告诉他将向总统提交他本人与洛佩斯的辞职信,并透露将推荐弗拉加·内图为央行新行长。结果是巴西总统卡多佐留住了财政部长,而将洛佩斯解职。

镇定自若的卡多佐总统

生平简历

费尔南多·恩里克·卡多佐总统 1931 年 6 月 18 日出生在巴西里约热内卢市的一个军人家庭。1953 年毕业于圣保罗大学,获社会学硕士学位,1961 年获圣保罗大学文科博士学位。此后,他长期从事学术研究和教学工作,曾先后在墨西哥、智利、阿根廷、美国、法国等国大学任教。1964～1968 年在军政府时期因发表左倾观点而流亡智利和法国,1970 年被军政府逮捕监禁。

卡多佐于 1983 年当选为参议员,1987 年连任,并曾先后任巴西民主运动党圣保罗州副主席和主席、全国副主席和参议院党团领袖。他 1987 年参与创建社会民主党,任该党参议院党团领袖,1992 年 10 月出任外交部长,1993 年 5 月改任财政部长。1994 年 4 月辞去财政部长职务后,作为社会民主党和自由阵线党共同推举的总统候选人参加总统竞选,并在同年 10 月举行的大选中获胜,于 1995 年 1 月 1 日就任巴西总统。1998 年 10 月在总统大选中再次获胜,成为巴西历史上第一位民选连任总统。1999 年 1 月 1 日宣誓就职。

费尔南多·恩里克·卡多佐

稳定民心

1999 年 1 月 13 日，面对突变的金融市场局势，卡多佐总统立即向全国发表了电视讲话，呼吁国人保持"镇静"。他指出，中央银行行长易人并不意味着国家经济政策的改变，采取更加灵活的兑换政策仅仅是在"技术上进行一些调整"，以使国家的财政、金融和兑换政策更加明确。他还说，巴西准备努力在国际上重新建立信誉，将完全履行和国际货币基金组织达成的协议。同时，央行新行长洛佩斯也指出，市场的剧烈反应在意料之中，不久就会恢复正常，央行有能力对付国际游资的进攻。在卡多佐总统的振振言词之后，国际货币基金组织总裁康德苏，美国总统克林顿和阿根廷总统梅内姆等对此表示了充分的信任和支持。

总统的表态和国际社会的支持暂时稳定了市场的信心，下午开盘后，股市交易略有回升，但收盘时圣保罗和里约热内卢两大股市仍比上一个交易日分别下跌了5.04％和5.5％，股市的持续动荡导致外汇市场资金继续外流。

1 月 14 日股市再次暴跌，金融动荡阴霾笼罩了整个巴西，外国投资者的撤资离场，国内持股人的不断抛售，交易指数的直线走低，使本来就为弗朗哥州长的冒失而忙得焦头烂额的巴西政府更是雪上加霜。

但此时，巴西总统卡多佐很能坐得住，他对上述两大股市大幅度下挫仍持冷静态度，认为这是同巴西中央银行检察部主任马乌谢提出辞职有关。

反复呼吁

1 月 15 日股市出现大幅反弹，为进一步稳定金融形势，1 月 15 日晚，巴西总统卡多佐再次向全国发表了讲话，一再强调政府将坚决捍卫本国货币雷亚尔，决不允许高通货膨胀抬头，并重申巴西将严格履行对国际金融机构的所有承诺。这是卡多佐总统针对国内动荡不定的金融形势，向全国发表一周内的第三次广播电视讲话。他向全国解释了政府为何采取调整汇率政策，并呼吁全国人民团结一致，共同克服目前国家所面临的困难。

卡多佐说，由于国内外对巴西进行财政调整能力的错误估计以及国内一些不负责任的州宣布暂缓偿还债务，造成本国和外国投资者的纷纷撤资，一周内的损失高达数十亿美元。他强调，中央银行宣布的暂不干预外汇市场的决定是为了保护国家的外汇储备。卡多佐指出,面对当前的经济困难,只有尽快地减少财政赤字,才能促进经济的迅速增长,巴西人民才能最大限度地减少损失。

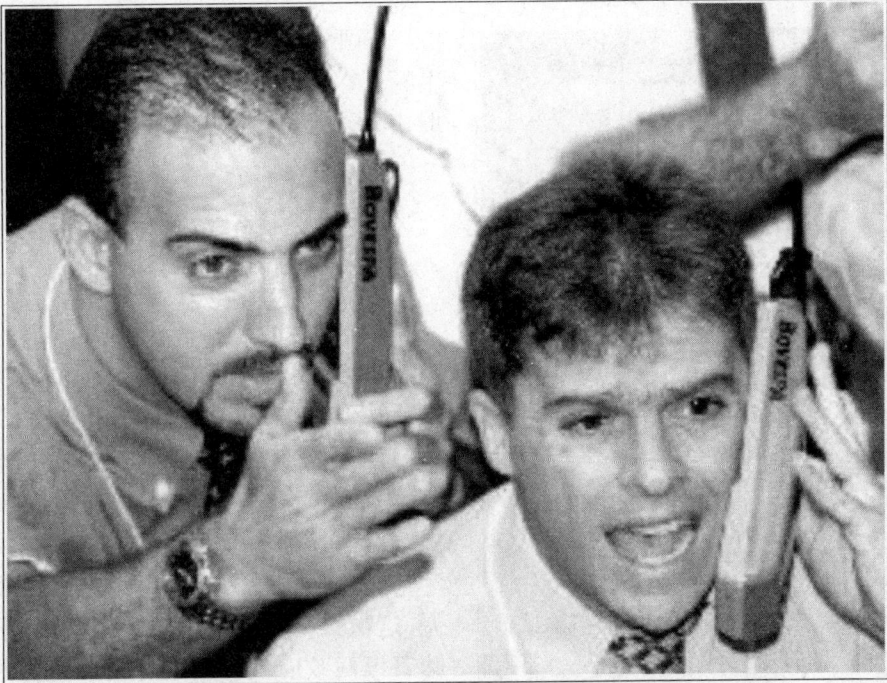

1 月14 日,巴西股市大幅下跌

他重申,巴西将严格履行对国际金融机构的承诺,因为在国际上使投资者重新建立起对巴西的信心是十分重要的,只有这样,巴西才能赢得国际社会的支持。

无论是从领导人的讲话,还是政策的实际执行都可看出:52 年来的固定汇率制在巴西已走到了历史的尽头。

临阵换将

1999 年1 月下旬,巴西金融形势再度恶化。因为有传言说银行将放假,政府可能会拒付或冻结巴西公民在银行的存款,从而导致不少人争换美元。此外,也有人趁机做买卖美元的投机生意。

卡多佐总统表示,政府将继续履行其支付到期债息的承诺。他说,保持高银行利率是为了防止投机。与此同时,巴西央行行长洛佩斯也重申,巴西现有360 亿美元的外汇储备。他还宣布,为增加透明度,巴西中央银行将从2 月1 日起每天公布本国外汇储备情况。为稳定雷亚尔的汇率,巴西央行2 月1 日将银行间拆借利率从37% 提高到39% 。

在此情况下,巴西货币雷亚尔在连续贬值8 个交易日后,2 月1 日终于开始反弹,汇市收盘时,雷亚尔对美元的汇率为 1.91∶1,比上一个交易日上升了 7% 左右。从而改变了巴西央行 1 月 13 日宣布调整雷亚尔对美元的汇率后,雷亚尔 持续贬值、一路探低的状态。

巴西金融市场形势再度恶化

雷亚尔汇率的回升带动了巴西股市上扬。2 月 1 日收盘时,圣保罗和里约股市分别上涨了 8.6% 和 6.6%。

"以毒攻毒"的新央行行长

央行行长在三周内两度易人

在动荡的金融局势中,巴西政府的高层也频频易人。新任央行行长佛朗西斯科·洛佩斯的交椅还没坐热,2 月 2 日巴西总统卡多佐又出人意料地解除了洛佩斯的职务,并提名经济学家弗拉加·内图接任。

巴西财政部在当天发表的公报强调,这次央行领导层的人事变动,并不意味着巴西政府现行的经济政策和自由浮动汇率政策会出现变动。公报还否认更换央行行长一事与国际货币基金组织代表团有关,目前国际货币基金组织代表团正在巴西利亚与巴西政府就修改 1998 年 11 月份达成的向巴西提供 415 亿美元救援贷款的协议进行谈判。

而巴西议长卡洛斯·马加良斯则透露,洛佩斯的突然被解职是因为他与财政部长在经济政策上发生分歧。早在 1 月 28 日,巴西金融市场上投机活动猖獗,雷亚尔对美元的比价一度跌破 2.15∶1,洛佩斯在此时仍坚持汇率自由浮动政策,认为这是汇市中不可避免的现象;而财政部长则认定这是干预乏力,导致货币贬值过多。

财政部发表的公报还说,弗拉加·内图将在巴西参议院通过对其任命后正式上任,这也是巴西中央银行行长在一个月内第二次易人。对此,巴西市场反应良好,货币雷亚尔再度升值。

新提名行长稳定人心

央行行长再度易人,市场均感意外,但对于新任行长,投资者普遍寄予厚望。截至 2 日汇市收盘时,雷亚尔对美元的汇率为 1.75∶1,比上一个交易日升值 8.2% 左右,基本上升到警戒线以上。

央行行长弗拉加·内图

同时,巴西政府也深感不能再被动等待市场反应,应该有所动作。于是在 2 月 4 日,为进一步稳定本国货币雷亚尔对美元的汇率,巴西中央银行发行了 10 亿雷亚尔债券干预汇市。

巴西央行这次发行的短期债券为期 280 天,利息高达 39.3%。市场分析人士指出,此举表明央行为维护汇率稳定,并不放弃有限干预。但债务缠身的巴西,通过提高利率来维持汇率稳定将付出很大代价。市场对雷亚尔依然缺乏信心,而汇率一旦出现波动,央行只能提高利率,处境将十分不利。但对于稳定当时的动荡局势,不失为一个权宜之计。

事已至此,这场金融危机在政府自身调整和国际社会支持下已渐趋尾声,此次局势的平复还不得不提一提财政部长的功劳。

由于央行在此次动荡中打击金融投机不力,致使雷亚尔对美元的汇率一度跌破 2.15∶1,1 月 13 日刚刚上任的央行行长洛佩斯也因此被卡多佐总统解职。财政部长提名的新行长弗拉加·内图的上任给市场坚定了信心。

弗拉加·内图认为,任何汇率制度都有缺陷,即使实现完全自由浮动的汇率也不能放弃必要干预。对此舆论普遍认为,对弗拉加·内图的任命意味着巴西的汇率政策将出现适当调整,但绝不会回到以前的固定汇率制,也将不会是放任的自由汇率制度,市场对此颇为认可。

此外,财政部同时在 2 月 4 日当天宣布,巴西政府和国际货币基金组织代表已初步达成协议。根据协议,巴西将通货膨胀率控制在 10% 以下,财政盈余占国内生产总值的比例从原计划的 2.6% 提高到 3% ~3.5%，央行将定期向国会报告市场情况，这在一定程度上也给市场注入了强心剂。

对新行长的质疑之声

当然，对于新提名的央行行长，巴西国内虽有不少喝彩声，但反对的人也不是没有。由于弗拉加·内图曾在国际金融大炒家索罗斯的基金会中供过职，在巴西国内有不少非议，有些人认为这会不会是"引狼入室"，在巴西深受投机之害的伤口上再撒把盐；但也有权威人士持相反意见，如议长马加良斯就觉得谙熟金融市场投机活动的弗拉加·内图应是抑制市场投机的专家，可谓"以毒攻毒"。他表示议会将在 2 月底通过对弗拉加·内图的任命。

时年 41 岁的弗拉加·内图拥有美国普林斯顿大学经济学博士学位，曾任巴西中央银行国际事务部主任和巴美工商协会主席。

对巴西利率制度的改革

1999 年 3 月 3 日，新任央行行长弗拉加·内图上任后对巴西的利率制度进行了改革，取消了原先的利率走廊，实行统一市场利率，并将利率从 39% 提高到 45%。经过调整，巴西金融局势日渐趋稳。汇率开始回落，外资逐渐重返巴西，国际资本市场也再次向巴西敞开了大门。

巴西央行在 3 月 24 日首次将利率从 45% 降至 42%，市场反应良好，从而为央行的再次降息创造了有利条件。

巴西中央银行 4 月 5 日宣布，自 6 日起将银行年利率从原先的 42% 降至 39.5%，这是巴西央行在短短两周内的第二次降息，引起市场的普遍关注。巴西央行货币政策部主任在宣布上述消息时表示，由于物价稳定，通货膨胀得到了有效控制，央行决定再度降息，以促进经济复苏。他强调，央行对于降低利率并没有目标指数，但根据同国际货币基金组织达成的协议，年利率将稳定 28.8% 左右。由于预见到央行再次降息的可能，圣保罗和里约热内卢股市 4 月 5 日收盘时分别上涨了 3% 和 2.8%。

至此，一场让巴西人惊出了一身冷汗的金融动荡终于告一段落。

第十三章

2001 年阿根廷金融危机

2001 年 3 月，阿根廷出现了一个小的偿债高峰，而此时市场对阿根廷政府借新债还旧债的能力有些疑虑。但是，整个市场对阿根廷的疑虑没有完全消除。

2001 年 7 月 10 日，阿根廷首都布宜诺斯艾利斯各兑换所的汇率突然出现波动，到 7 月 12 日达到高峰，此时比索实际上已贬值 5% 左右。由于阿根廷经济持续衰退、税收下降、政府财政赤字居高不下，面临丧失对外支付能力的危险，酝酿已久的债务危机终于暴发。短短一个星期内，证券市场连续大幅下挫，梅尔瓦指数与公债价格屡创新低。国内商业银行为寻求自保纷纷抬高贷款利率，贷款利率甚至高达 250% ~ 350%，各商业银行实际上停止了信贷业务，布宜诺斯艾利斯各兑换所也基本停止了美元的出售。

7 月风波过后，由于阿根廷政府和国际社会的共同努力，总算渐渐趋于平息。

11 月 1 日，德拉鲁阿总统宣布，阿根廷将实施重新谈判外债、调整税收、支持困难企业、发行新债券等一揽子经济调整措施，以克服金融危机。但这些措施并未得到积极的响应，相反，却出现了 7 月以来最大的动荡。

11 月 2 日，阿根廷证券市场梅尔瓦股票指数比前一个交易日下降 284%。政府公共债券价格持续下跌。与此同时，货币市场利率急剧飙升，以至银行间隔夜拆借利率竟高达 250% ~ 300%。受此影响，纽约摩根银行评定的阿根廷国家风险指数曾一度突破了 2 500 点大关，创历史记录。于是阿根廷政府继续紧急向国际货币基金组织求援。

到了 12 月 5 日，国际货币基金组织拒绝向债务累累的阿根廷提供 13 亿美元紧急援助贷款，从而使该国面临着历史上最大的一次债务危机。

因经济衰退而辞职的经济部长

阿根廷经济部长马奇内亚由于未能重新启动陷入困境达两年之久的阿根廷经济，于 2001 年 3 月 2 日晚向总统德拉鲁阿递交了辞呈，并获批准。

马奇内亚在担任经济部长的 15 个月时间内，曾力图扭转阿根廷经济（拉美第三大经济）的衰退局面，尽管他采取了诸如增加赋税、削减公务员工资以及加大对基础建设投入等措施,但成效甚微,招致社会普遍不满。2000 年初,政府曾预计经济增长可超过 4% ,但实际结果是萎缩了 0.2% 。2000 年底,阿根廷获国际金融机构 400 亿美元的紧急援助贷款后,濒临危机的国家金融形势曾得到短暂缓解。但是直到 2001 年初阿根廷经济仍未出现明显复苏迹象,而且阿银行的洗钱丑闻、美国经济前景不明朗和土耳其的金融危机等因素使阿经济前景更为严峻。

马奇内亚是阿根廷经济改革的总设计师,但阿根廷人民对经济复苏步伐太慢而大表不满。他的辞职使得德拉鲁阿领导的联合政府面临最大的政治危机,同时也使金融危机逐渐浮现出来。

阿根廷任期最短的经济部长

前经济部长马奇内亚辞职之后,里卡多·洛佩斯·墨菲接任为新的经济部长。墨菲出生于 1951 年 8 月 10 日,1975 年毕业于拉普拉塔大学(布宜诺斯艾利斯)经济系,1980 年获美国芝加哥大学经济学硕士学位。

墨菲曾在大学任教,并担任过阿根廷和乌拉圭央行顾问以及国际货币基金组织、联合国开发署和世界银行等机构的顾问。1999 年,墨菲被任命为阿根廷国防部长,开始其政治生涯。

墨菲于 2001 年 3 月 5 日正式宣誓就职。他的接任阿根廷在国内外受到普遍欢迎。国际金融界、阿企业家组织和大企业对墨菲的政策取向和阿经济前景纷纷表示乐观。墨菲就职当日,阿根廷市场也作出热烈的回应,股市在连续数周下跌后出现强力反弹。

墨菲是一个正统派经济学家,在国内外金融领域颇有名望。由于 2001 年阿根廷将举行中期选举,经济状况的好坏将对执政联盟能否取胜产生直接影响。墨菲临危受命,其主要任务就是力挽狂澜,尽早扭转经济衰退的局面。但这一任务十分艰巨。

2001 年 3 月 16 日,墨菲公布了为期两年、金额高达 45 亿美元的一揽子财政紧缩计划,旨在平衡财政收支、实现金融稳定,以遏止连续 33 个月的经济衰退。不料此举立即引发了一场政治社会危机。内政部长、教育部长和总统府秘书长当天相继提出辞职。正义党等主要反对党以及一些反对党控制的省份的领导人、企业家组织和工会领导人也纷纷发表谈话,反对上述措施;总工会和教育工会等组织还举行了罢工和示威游行。阿首都布宜诺斯艾利斯和其他大城市里,部分失业人员、职员和学生上街游行。一些主要路口被堵塞,布宜诺斯艾利斯 19 日还发生了据称是针对新财政紧缩计划的炸弹爆炸事件。

为克服危机,稳定局势,德拉鲁阿总统与未退出内阁的部长、执政党议员及各政治组织的领导人举行了一系列紧急会议,争取对经济调整计划的支持,并商讨建立一个更广泛政党成员组成的联合政府。3 月 19 日,受邀参加政府的政党表示将全力支持总统和政府,但有一个先决条件:取消墨菲提出的财政紧缩计划。墨菲随后表示,如果这样做,他将提出辞职。

当天,德拉鲁阿总统表示,将努力克服当前面临的经济危机和财政赤字。他同时号召全体人民实现全国团结,共同渡过目前的困难。对媒体讲话时,德拉鲁阿说他计划请卡瓦略加入新内阁。卡瓦略是阿根廷著名经济学家,1991 年 1 月至 1996 年 7 月 26 日任政府经济、工程和公共服务部长。

墨菲当天晚上前往总统府面见德拉鲁阿总统。谈话中,墨菲提出辞职,得到总统的批准。

为了能力挽狂澜,墨菲不得不痛下“猛药”,期望迅速扭转经济窘况,孰料遭到激烈反对,使其成为“短命”经济部长。

黔驴技穷的经济“魔术师”

再度出任经济部长

2001 年 3 月 20 日凌晨 1 时,阿根廷总统宣布由前正义党政府经济部长多明哥·卡瓦略接替数小时前辞职的墨菲出任经济部长。德拉鲁阿在宣布卡瓦略任职时强调,比索与美元 1:1 的固定汇率制和自由兑换政策不会改变,阿根廷将履行所有国际义务。

卡瓦略是阿根廷著名的新自由主义经济学家,一向得到国际金融界的赏识,他是阿根廷的与美元挂钩的固定汇率制的创造者,是前梅内姆政府经济部长、十年前以固定汇率制奇迹般消除了恶性通货膨胀,也是国会第三大党共和国行动党的领袖,这次他接任经济部长时经济环境极为恶劣,阿根廷经济连续 33 个月陷入困境,失业率高达 15%,债台高筑。卡瓦略说希望所有政治力量放弃党派利益,共赴国难。他表示,如果国会能够紧急通过他将提出的一系列法律,前部长墨菲制定的削减教育经费等措施就可以不必实行,暗示他将提出自己的经济应急方案,以取代墨菲的遭到激烈抵制的紧缩措施。

提出拯救经济法案

接任后的第二天卡瓦略就提出了拯

阿根廷前经济部长多明哥·卡瓦略

救阿根廷经济的法案。这个被称为《竞争力法》的经济调整计划，内容包括提高关税，征收金融交易税，提高竞争力和发展生产。法案还要求议会授予政府"特别权力"，以便政府能排除影响经济复苏的一切阻力，全力推行国家改革，重振经济。

当时阿根廷经济停滞的直接原因主要是庞大的财政赤字导致利率居高不下，抑制了投资。阿根廷的固定汇率制对货币发行有严格限制，因此不可能采用货币扩张政策来刺激经济复苏。可用的调控手段只有财政措施，不是增收就是节支。墨菲走节支的路线并非错误，但是政治上不可行。卡瓦略避开了不得人心的紧缩道路，提出了直接着眼于增长的一揽子措施。他的法案内容主要有：临时性增设资金流动税，就是对往来账户的资金进出（存款取款）课税，1 000 比索以上的付款必须使用支票、信用卡或其他银行付款工具，同时降低某些不利于生产的税种，用资金流动税作为减税的补偿；将原材料的进口关税降至零，同时提高消费品的关税；继续深化改革，包括改革官僚机构和国有企业单位，改革社会保险体制，改革税制，改革劳动用工制度等。

卡瓦略在梅内姆政府中就被称作"超级"部长。这一次他的权力更扩大到几乎所有与经济有关的方面。卡瓦略说，他的措施可以立即将阿根廷的生产成本降低20%，当年就可以取得1.9%的增长。对于受到许多非议的固定汇率制（与美元挂钩使阿根廷比索高估，影响产品竞争力），他认为现在不到改变的时候，将来条件成熟时，可以改为与货币篮子挂钩。

十年前，卡瓦略提出的"兑换法"迅速制服了高达3 000%的恶性通货膨胀，现在，这位"超级"部长又向公众保证，只要实行他的"竞争力法"，增长就会立竿见影。阿根廷企业界对卡瓦略表示支持，由于撤销了紧缩措施，前些时期的社会动荡也趋于平息，总工会甚至取消了原定下周举行的总罢工。阿根廷公众对卡瓦略过去的政绩有各种不同评价，但是，大部分人还是希望他的措施能够成功上。3月29日，阿根廷参议院通过了卡瓦略提出的法案。

艰难获得应急贷款

2001 年 5 月 3 日，阿根廷政府与国际货币基金组织 IMF 签署一项协议。IMF 同意在 5 月底前向阿根廷提供 12.6 亿美元的应急贷款。

5 月 24 日，政府实施以新债券换旧债券的计划。至 6 月 3 日，320 亿美元的旧债券已被转换，超过了政府确定的转换 290 亿美元旧债券的预定目标。

6 月 15 日，政府宣布了一系列旨在促进出口、拉动内需、刺激经济复苏的措施：从 6 月 19 日起，实行比索与美元和欧元同时挂钩的特殊汇率制度，将美元和欧元的平均汇价作为比索的汇率；降低汽油价格；削减中等收入家庭的所得税；降低公共交通运输业的增值税率；为低收入家庭提供补贴等。当日，阿根廷金融市场发生大规模动荡，股市暴跌，梅尔瓦指数收盘时下降 4.59 个百分点。与此同时，银行间隔夜拆借率由 6 月 14 日的 5% 上升至 9%。

　　7月9日,卡瓦略宣布实行"零财政赤字计划",其主要内容包括:大幅度紧缩开支,削减工资和养老金,减少地方政府财政支出,扩大税源。尽管该计划遭到国内强烈反对,但它还是被议会于7月30日通过。"零财政赤字计划"启动后,证券市场发生空前动荡,资本市场的崩溃一触即发。

　　7月17日,联邦政府与全国23个省的省长就实施"零财政赤字计划"等经济调整措施签署了一项协议,并向议会提交了采取有关措施的法案。具体措施包括:从7月1日起,政府大幅度削减国家机关全体工作人员的工资和退休金;并要求议会和司法部门也相应减少工资;加大打击偷税漏税的力度,对漏税超过100万比索的企业予以严惩;向银行和企业预收2003年的税收,以弥补财政缺口。

　　2001年8月21日,经过艰苦的谈判,阿根廷终于获得国际货币基金组织IMF的80亿美元应急追加贷款。但是,作为贷款交换条件之一,阿根廷必须严格执行其"零财政赤字计划"。新贷款的到位使一度形势危急的阿根廷金融市场暂趋稳定。

竭尽全力　回天乏术

　　2001年10月28日,卡瓦略宣布,阿根廷将尽快开始与债权银行就重新安排1 280亿美元巨额债务举行谈判。消息传出后,阿根廷金融市场再次出现剧烈动荡。10月29日,国家风险指数达2 003点。

　　11月1日,德拉鲁阿总统宣布促进经济复苏的调整措施:与债权银行重新谈判债务问题,使阿根廷在2002年的债务负担减少40亿美元;坚持现行的"零财政赤字计划",继续减少行政开支;在强化征税、打击逃税、增加税收的同时,降低使用信用卡消费的税率,以促进消费;为提高购买力,暂时降低个人退休金缴纳比重;降低企业增值税税率,扶持债务负担过重的企业;再次发行(与美元等值的)13亿比索的政府债券,以促进经济的增长;增加基础设施建设的资金,扩大公共工程的建设;开拓新的出口市场,继续扩大出口。当日,阿根廷国内债务互换的资金超过500亿美元。比索的隔夜拆借率高达680%。

　　11月20日,国家风险指数达3 046点。

　　11月26日,赴阿根廷考察的IMF的代表团拒绝接受阿根廷方面提出的提前发放12.6亿美元贷款的要求。同时要求阿根廷方面实现零赤字,放弃固定汇率制度。

　　11月26日~12月3日,阿根廷外汇储备由175亿美元下降到145亿美元。

　　11月30日,政府宣布已互换超过500亿美元的债务。尽管官方媒体将阿根廷政府所进行的债务重组谈判称为"债券置换"、"有序停付",但是,对于债权人而言,其实质就是违约。消息一经证实,大批储户到银行挤兑存款,外国资本加速抽逃。当天,阿根廷就有7亿美元流往境外。银行存款迅速减少,阿根廷金融市场持续动荡。

　　为应付日趋严峻的局面,12月1日,政府颁布限制取款和限制外汇流出的法令,以阻止存款流失和资金外流。法令规定,从12月3日起,每人每月出境携带的外汇现钞不得超过1 000美元;用于外贸结算或支付在境外消费的外汇不得以现钞清算;每个储户每周提取的存款数额不得超过250比索或等额美元;比索存款实行"美元化"等。有效期为3个月,直到阿根廷完成债务重组为止。法令颁布后,阿根廷对外经贸陷于停顿,国内经济活动萎缩,抗议声不断,7日爆发大规模示威游行。

　　12月5日,因阿根廷无法达到"零财政赤字计划"的目标,IMF宣布停止向阿根廷提供资金。原定于12月发放的12.6亿美元贷款无限期推迟。国际市场开始恐慌性抛售阿根廷国债。

　　当日,鉴于阿根廷3日开始实施的限制取款和外汇出境的紧急措施遭到社会各界的普遍反对,阿根廷政府不得不对新措施中一些限制做了松动。卡瓦略宣布,个人携带外汇现钞出境的最高限额由原来的1 000美元提高到1万美元;个人银行取款金额由原来规定的每周250比索改为每月可以一次性提取1 000比索。同时还宣布,12月1日以后存入银行的存款不受新措施的限制。

　　12月7日,卡瓦略前往华盛顿与IMF的官员谈判,要求该组织支付原来承诺的12.6亿美元的贷款。经两天谈判,IMF对阿根廷政府提出新的要求。当日,中央银行对新存款提出了更高的准备金要求,以遏止银行之间的贷款转移。

　　12月10日,德拉鲁阿总统宣布削减40亿美元的财政支出,以满足IMF的要求。

　　12月13日,政府宣布推迟发放大约140万名退休人员的养老金,引发全国性大罢工,各地还出现了暴乱和抢劫。

　　12月16日,德拉鲁阿总统在签署的一份政府公报中说,政府不考虑比索贬值和强制实行美元化,并要求国会迅速讨论2002年预算。

　　12月18~20日,经济危机引发严重的大规模骚乱,2 000多人在阿根廷首都洗劫商店,200多家华人开办的商场遭劫。骚乱造成28人丧生。

陷入两难　被迫辞职

　　经济部长卡瓦略被国际社会看作是一位处理经济问题的能人,在坚守汇率、缩减赤字上坚持原则,但国内反对党、工会以及企业家组织则认为他屈服于国际货币基金组织的压力,反对他的改革措施,要求罢免他经济部长的职务,剥夺他的"超级经济权力"。由于反对党控制了阿根廷国会和几个最重要的省,因此卡瓦略面临着巨大的压力。

　　在阿根廷的经济问题被政治化的局势中,卡瓦略处于两难境地,一方面,目前国际货币基金组织给阿开的处方——削减公共开支、缩减财政赤字,这确实对财政状况的改善有所帮助,但另一方面这就意味着老百姓必须过紧衣缩食的日子,必须作出牺牲,很多人觉得自己的利益受损失而不愿意。

　　由于卡瓦略的《竞争力法》的经济调整计划和双轨汇率制并没有挽救阿根廷经济的颓势。2001年12月19日,卡瓦略辞职。

经济政策失误的德拉鲁阿总统

　　费尔南多·德拉鲁阿,1999年12月10日至2001年12月20日担任第51任阿根廷总统。

　　德拉鲁阿生于阿根廷科尔多瓦市,毕业于国立科尔多瓦大学法律系,获法学博士学位,曾赴墨西哥、意大利等国深造。21岁加入阿根廷激进党,1963~1966年,他任内政部部长办公室主任。1973~1976年,当选国会参议员。1991~1992年,当选国会众议员。1992年,再次当选国会参议员,并被选为激进党主席。1996年他代表激进党参加布宜诺斯艾利斯市市长竞选并当选首任民选市长,8月6日就职。1999年10月24日参加大选并当选总统,12月10日正式就职。

　　2000年10月5日,"劳工法行贿案"东窗事发,副总统阿尔瓦雷斯借机发难,并辞职表示不满,从而酿成内阁危机。为拯救联合政府,德拉鲁阿解除了情报国务秘书德桑蒂瓦涅斯的职务,并任命党内元老阿方辛的亲信克里斯蒂安·科隆博为总理,从而稳定了联合政府的执政地位。

　　但是,几年来阿根廷国内经济一直不景气,失业率高达18.3%,同时还拖欠着巨额外债。德拉鲁阿刚就任总统时,大多数阿根廷人相信他能领导阿根廷走出多年的经济困境。德拉鲁阿上任两年来,换了三任经济部长,出台过八次经济一揽子措施,但经济衰退势头不但没遏制住,反而越来越恶化。

　　自1999年国民经济出现衰退后,"经济问题政治化"趋向越发严重。换言之,政府的任何经济政策的出台或付诸实施,都受到党派之争的影响。"经济问题政治化"甚至还与同一政党内的分歧与不和联系在一起。这种情况导致总统权力受到很大的制约。德拉鲁阿既没有控制议会,也没有控制全国23个省中的14个,而反对党手中的那些省,正是经济实力比较强的大省。在减少财政赤字的号召中,那些省采取了抵触的态度。德拉鲁阿甚至没有得到推举他竞选的联

阿根廷副总统阿尔瓦雷斯

合阵线的全力支持。不仅如此,在许多问题上,政府内阁也经常不能达成共识。由于得不到广泛的支持,政府在 2000 年和 2001 年实施的近十个经济计划接二连三地失败或半途而废。其结果是,国内外投资者对政府的信心危机越来越明显,他们停止投资或将资金转移到国外。

阿根廷失业者的游行队伍

此外,阿根廷人认为,德拉鲁阿对美国和国际货币基金组织开出的新自由主义经济模式和货币"药方"言听计从,是导致这场危机愈演愈烈的重要原因。

为了避免危机的蔓延,德拉鲁阿政府根据 IMF 的"药方",推出了一系列紧缩性措施,其中包括降低工资和削减养老金支出,等等。这些措施不仅引起了低收入者的反对,而且还遭到了中产阶级的抵制,从而使政府与公众的对立不断强化。2001 年 7 月所作的一项民意测验表明,德拉鲁阿总统的支持率已下降到 20%,是他 1999 年上台以来的最低点。在德拉鲁阿总统当政的两年时间内,全国工人联合会共组织了 9 次大规模罢工。而那种以敲打锅碗瓢盆为特征的示威、游行和抗议更是司空见惯。一些西方媒体指出,不要小看"锅碗瓢盆的力量",它使德拉鲁阿总统交出了权力。

1997 年亚洲金融危机爆发后,泰国和韩国等国的民众踊跃向国家捐献金银珠宝,尽管也有人竭力反对政府的紧缩政策,但民众对反危机政策的理解和支持无疑是非常重要的。当然,就政府而言,每一项政策或措施的出台都应该考虑到民众的忍受程度,否则会事与愿违。而德拉鲁阿政府的紧缩性措施过于严厉,因此产生了很大的不良影响,以至于一些经济学家提出了这样一个问题:德拉鲁阿政府的药是否比它要治疗的病更加难以令人接受。

一些韩国妇女将自己暂时不用的
美元兑换成韩元,以帮助政府
渡过当前的金融危机

2001 年 12 月初,德拉鲁阿政府宣布冻结民众银行存款,限量提取现金,这一措施不但造成金融系统进一步混乱,经济活动处于半停顿状态,而且这种以损害民众利益为代价的做法遭到了民众的强烈反对,阿政局开始陷入动荡,由此而进行了流血的暴动及抗议。在这种情况下,回天无术的德拉鲁阿不得不宣布辞职。

两周内更换的五位总统

2001 年 12 月 20 日至 2002 年 1 月 3 日,阿根廷政局动荡,在两星期内更换了五位总统,金融危机导致政治危机。

德拉鲁阿

阿根廷在 2001 年 12 月 18～20 日,发生了十年来最严重的骚乱,至少有 20 多人在骚乱中死亡。而在全国,已有大约 2 000 人在暴乱中被捕,但全国性的骚乱仍然不能得到有效控制。

仅仅在辞职前几个小时,德拉鲁阿还发表电视广播讲话表示不会辞职,并呼吁人们停止示威和暴力行动。他曾在电视讲话中邀请反对党,特别是控制国会参众两院的正义党参与组成全国团结政府。他说:"这是使国家摆脱危机的唯一出路。"不过,正义党拒绝了他的呼吁。而聚集在布宜诺斯艾利斯市中心的示威者听到他不准备辞职的讲话之后曾大声叫骂,警察向示威者发射了橡皮子弹和催泪气体。

12 月 20 日,德拉鲁阿总统宣布辞职。

冻结存款的做法遭到了民众的强烈反对

12 月 21 日上午,已经宣布辞职的阿根廷总统德拉鲁阿,签署他离职前的最后一个法令,取消从 12 月 19 号晚开始实施的全国戒严令。当天下午,阿根廷参众两院通过决议,批准德拉鲁阿辞职,由现任参议院议长拉蒙·普埃尔塔出任临时总统。

阿根廷街头骚乱局势失控

阿根廷总统德拉鲁阿引咎辞职

拉蒙·普埃尔塔

拉蒙·普埃尔塔

拉蒙·普埃尔塔1951年9月9日出生于米西奥内斯省的阿波斯托莱斯,就读于阿根廷天主教大学,获土木工程师学位。1991年当选米西奥内斯省省长,1995

年连任到 1999 年。

2001 年 12 月 22 日阿根廷严重的经济、政治危机导致全国性的骚乱,德拉鲁阿总统无力控制局面而辞职,阿根廷宪法规定,总统辞职将由副总统代理总统职务。但阿根廷副总统卡洛斯·阿尔瓦雷斯已于前一年辞职,副总统职位空缺。这样就由参议院临时议长、正义党人拉蒙·普埃尔塔担任临时总统。普埃尔塔的任期为 48 小时。

当天,普埃尔塔任命经济学家斯基亚沃尼为新内阁总理,任命正义党议员兰贝托为新经济部长。23 日选出圣刘易斯省省长罗德里格斯·萨阿为临时总统,普埃尔塔回任临时议长。12 月 31 日上任仅 7 天的萨阿宣布辞职,普埃尔塔随后也宣布辞去现任临时议长的职务,进而避免了在十天内第二次成为临时总统。普埃尔塔提出的理由很简单:"我感觉到自己再也没有能力出任临时总统。"

罗德里格斯·萨阿

12 月 23～31 日,罗德里格斯·萨阿任临时总统。罗德里格斯·萨阿是一名律师,1947 年 7 月 25 日出生,生于阿根廷圣刘易斯市,1971 年毕业于布宜诺斯艾利斯大学法律系,1973 年当选为圣路易省议员。1983 年当选为圣路易省省长。2001 年 12 月 23 日在阿根廷立法大会上被推选为阿根廷代总统。

阿根廷人抗议政府限制银行提款

12 月 24 日,萨阿总统宣布一项拯救国家的经济计划:暂停偿还 1 320 亿美元债务,并用还债资金创造 100 万个就业机会;于 2002 年 1 月发行本国第三种货币"阿根廷元",以避免比索贬值和阿根廷经济美元化;总统工资缩减一半,每月为 3 000 比索,并将以此作为政府职员的月最高工资上限;拍卖政府汽车和总统专机;冻结政府机构工作人员的休假;实施紧急食品计划;向 12 月 19 日社会动荡中遭抢或生意受损的店主提供赔偿;政府部长的职位从十个减至三个。

骑警鞭打示威者

萨阿宣布辞职

　　12 月 29～30 日,成千上万的阿根廷人聚集在总统府周围,敲打锅碗瓢盆,抗议政府限制银行提款、冻结外汇往来等管制措施。30 日凌晨 4 时,激进的示威者冲进议会大厦并进入众议院会议大厅,焚烧议员座椅、沙发等。示威者投掷石块与维持治安的警察发生激烈冲突。

12月30日,萨阿总统召开阿根廷银行界代表会议,号召银行为社会稳定作出努力,并要求银行于31日恢复营业。萨阿对阿根廷当时的国内局势表示担忧,并敦促银行努力解决在职和退休人员的薪金问题,特别是要向退休人员提供人道主义援助。

萨阿的原定任期是到2002年4月5日,但是到2001年12月29日,萨阿就任不到一周就发生内阁危机。首先是缺乏其政党——正义党(又称庇隆主义党)的支持,其次是群众示威抗议刚刚就职的萨阿政府继续实行限制民众银行提款,还任命了一批有劣迹嫌疑的官员担任新政府的要职。其中,布宜诺斯艾利斯前市长卡洛斯·格罗索当政两年,身负十多项指控,有贪污嫌疑,23日被任命为内阁首席顾问。格罗索首先向总统提出辞职,引发了12月30日临时政府内阁成员集体辞职。31日萨阿宣布辞去代总统职务。阿根廷众议院议长爱德华多·卡马尼奥31日接替萨阿任阿根廷临时总统。

爱德华多·卡马尼奥

爱德华多·卡马尼奥,1946年6月17日生于布宜诺斯艾利斯,是一位企业管理学硕士。他在20世纪80年代初从政,曾任布宜诺斯艾利斯省基尔梅市市政议员、市长,2001年12月5日以正义党成员当选为阿根廷众议院议长。

12月31日,在萨阿辞去总统职务和参议院临时议长普埃尔塔辞职后,按法律规定的顺序,卡马尼奥继任临时总统职务。他是12月20日德拉鲁阿总统辞职以来,继普埃尔塔之后,阿根廷的第二位任期仅48小时的临时总统。

按照阿根廷法律,国家总统出缺时,应由副总统接任;如副总统也出缺,应由参议院临时议长接任临时总统,并在48小时内召集立法大会选举代总统;如参议院临时议长也出缺,应由众议院议长接

爱德华多·卡马尼奥

任临时总统,如众议院议长也出缺,应由最高法院院长接任临时总统。卡马尼奥就是在普埃尔塔辞职后,按顺序继任临时总统的。

他在就职前宣布在2002年1月1日下午2时召开由参众两院议员组成的立法大会,选举新的代总统。

爱德华多·杜阿尔德

在 2002 年 1 月 1 日举行的立法大会上，以布宜诺斯艾利斯省省长鲁考夫为代表的正义党人士推举阿根廷正义党资深参议员爱德华多·杜阿尔德为总统候选人，并提出成立由各党领导人参加的全国联合政府。这一提名得到了大多数党派的支持。在当天的立法大会上杜阿尔德以绝对多数当选总统。

爱德华多·杜阿尔德

立法大会接受了萨阿的辞职，并同意取消原定于 3 月份举行的总统选举。杜阿尔德的总统任期将到 2003 年 12 月为止。他的就职典礼定于 2002 年 1 月 3 日中午在政府宫举行。

2002 年 1 月 3 日，杜阿尔德总统在宣誓就职后发表演说时宣布，他的政府坚持萨阿政府提出的停止偿还外债的政策，并呼吁国际社会给予理解与合作。当日，杜阿尔德任命雷梅斯·莱尼科夫为经济部长。

杜阿尔德当选总统时 60 岁，是一位律师，曾于 1989～1991 年梅内姆总统任职期间担任副总统，其后担任阿根廷最富庶的布宜诺斯艾利斯省省长 8 年。1999 年，杜阿尔德辞去省长职务参与总统竞选，结果败给对手德拉鲁阿。

无力回天的杜阿尔德总统

杜阿尔德总统在 2002 年 1 月上台后不久，就宣布放弃货币局汇率制度，使比索贬值 29%。在阿根廷，80% 的信贷以美元计值，而工资以比索计值。因此，政府为了安抚民心而同时规定，欠银行的数额在 10 万美元以下的贷款，可以按照 1 比索＝1 美元的汇率将美元转换成比索，用比索偿还。这种被称作"比索化"的做法虽然有利于储蓄者，但不利于银行。例如，如果某人欠银行 5 万美元，它只要用 5 万比索就可偿还这笔贷款。如果它同时在银行中存有 5 万美元，它却可以按 1 美元＝1.4 比索的汇率得到 7 万比索。据一般的保守估计，政府的这一规定将使银行损失 90 亿美元。而银行自己的估计将在 100 亿～200 亿美元之间。

面对银行界的抱怨和不满，政府后来又作出了不利于储蓄者而有利于银行的决定：存在银行的美元存款，必须转换为比索。这无疑使政府在民众中的威信进一步降低。无怪乎阿根廷的一位政府部长说，政府面临着一种两难的局面，因为照顾了这一方，必然会得罪另一方。

不容否认，阿根廷政府的金融管制措施有效地避免了银行挤兑，但也引起了争议。此外，数百亿美元的银行存款被冻结在银行中，也是一种浪费。而且，阿根廷经济活动中的一半必须依靠现金交易。因此，对银行提款的限制无疑使整个国民经济受到了很大的影响，对低收入者的生活也产生了重大的消极影响，因为他们的生活保障完全依赖于工资能否换来现金。由于缺乏现金，易货贸易活动变得十分普遍，各种各样的消费急剧减少。据统计，2002 年 1 月是 40 年来阿根廷汽车市场最不景气的一个月。毋庸置疑，在国民经济处于衰退的情况下，消费不振无疑会进一步制约经济的复苏。

使杜阿尔德政府难堪的是，许多人甚至向法院提出诉讼，要求政府取消这些管制措施。2002 年 2 月 1 日上午，最高法院作出了这样一个判决：私人财产必须得到保护，因此政府禁止储蓄者从银行提款是违法行为。这一裁决促使政府放弃了原定当日下午公布的经济振兴计划。为了避免宪法危机，杜阿尔德总统发布了行政命令，禁止任何人再向最高法院提出此类诉讼。但许多人依然在最高法院门前排着长队，争先恐后地提交诉讼状。

日益严峻的形势使阿根廷政府认识到，外部援助是至关重要的。为了得到 IMF 的援助，杜阿尔德总统采取了以下措施：第一，压缩政府财政开支，其中包括将公务员工资降低 13%，并减少对社会保障体系的拨款。此外，杜阿尔德总统还要求地方政府大力削减开支。第二，增加对出口企业的课税。政府认为，这些出口企业（其中包括大量私有化企业）因比索贬值而受益匪浅，因此必须向政府缴纳更多的税。此外，有关部门还力图完善税收体系，减少偷税漏税。第三，自 2 月 3 日起开始实施浮动汇率制。

除了求助 IMF 以外，阿根廷还积极寻求美国的援助。但美国政府的一些官员表示，由于阿根廷危机的根源在于"体制改革不力"和"政治腐败"等原因，美国不会提供大量援助，除非阿根廷能有效地消除自身的各种弊端。

杜阿尔德总统的这些措施迟迟不能奏效，国际货币基金组织态度强硬，一直不与阿根廷达成救援贷款协议，其主要原因就是美国政府对杜阿尔德本人不信任，认为他代表了传统正义党的民众主义意识形态，不符合美国主张的自由市场思想。美国驻阿根廷大使和国际货币基金的考察组人员频频绕过中央政府，直接同省政府接触，也透露了某种迹象。

杜阿尔德执政后，虽做了努力克服严重的政治、经济、社会危机，但收效甚微。阿根廷经济形势继续恶化，生产和消费大幅度下滑，金融系统实际瘫痪的状况也没有好转。失业率已高达 25%，阿根廷民众抗议示威不断，反对杜阿尔德政府的经济方针，社会动荡一触即发。阿根廷为取得外援同国际货币基金组织的谈判进展艰难，国内国外一直存在一种呼声，即信用问题是阿根廷危机的实质，只有一个选举产生的信誉较高的政府,才能取得国际上的信任和国内的充分政治支持。

与此同时,执政党内部要求提前大选的呼声越来越高,而支持政府的最大在野党激进党领袖前总统阿方辛突然辞去了参议员职务,杜阿尔德政府的政治基础迅速瓦解。终于,杜阿尔德作出让步,答应提前举行大选,而他本人则表示不参加选举。

在 2003 年提前举行的大选中,前总统梅内姆和基什内尔是最有力的竞争人选。现任总统杜阿尔德曾是梅内姆的副手,但后期两人关系恶化至水火不容的程度。杜阿尔德在此次大选中,不惜动用政府资源竭力支持基什内尔,最终使得基什内尔顺利当选总统。

推动比索化进程的经济部长

经济部长雷梅斯·莱尼科夫

实行经济比索化

2002 年 1 月 3 日,杜阿尔德在宣誓就职总统的当日,任命雷梅斯·莱尼科夫为经济部长。莱尼科夫当时 53 岁,是杜阿尔德总统的首席经济顾问,曾与杜阿尔德密切合作多年。他曾主管布宜诺斯艾利斯省财政达 8 年之久,实现了省财政基本平衡,受到普遍好评。他反对美元化,主张改变现行经济模式。

担任经济部长后不久,雷梅斯·莱尼科夫宣布,阿根廷将全面实行经济比索化,随后又公布了一系列相关措施,其中最主要的是,以美元结算的全部银行债务、抵押贷款和其他美元债务一律按 1∶1 的汇率转换成比索债务;全部银行美元存款则以 1 美元兑换 1.4 比索的汇率转换成比索存款。这标志着阿根廷经济长达 10 年的美元化进程彻底结束。

上述措施是杜阿尔德政府为实现经济模式转型,克服当时阿根廷经济和金融危机而采取的重大步骤,它的成败将关系到整个阿根廷经济能否在短期内摆脱困境,走向可持续发展的道路。

由美元化转向比索化不仅是一个货币结算方式问题,而且是关系到国家经济主权的根本大事。莱尼科夫在谈到经济比索化时明确表示,阿根廷政府希望像任何其他国家一样,拥有自己的货币,拥有自己的经济主权,为此必须实行比索化。

美元化的优劣

1991 年,为遏制恶性通货膨胀、稳定经济,阿根廷开始实行与美元挂钩的固定汇率制度。按照这种制度,比索与美元固定在 1：1 的汇价上,与此同时,国家的货币发行量也要与国家的国际储备相挂钩,即中央银行有多少外汇储备,才能发行多少本国货币。

这种制度的实施,在一段时间内,有效地达到了控制通货膨胀、稳定金融、促进经济增长的目的,但也造成了一些严重后果:

(1)取消了国家通过中央银行的货币发行权,使国家丧失了控制和调解货币发行的职能,换言之,丧失了货币主权。

(2)束缚了政府的手脚,不能利用货币和金融手段对经济实行宏观调节。在经济严重衰退、通货紧缩、资金严重紧缺的情况下,由于国际储备大幅下降,阿根廷政府始终不能采取扩张性货币和金融政策,以刺激经济的增长。

(3)固定汇率制度还使阿根廷国民经济逐步走上美元化的道路。如国家政策允许比索与美元自由转换,可以以美元结算银行存款和缔结债务,可以按照美元通货膨胀率调整服务业的价格等。其结果是,全国银行 2/3 的存款、2/3 的债务是以美元结算的,而实际上其中大部分并非美元存款或美元债务,造成了数百亿的"假美元"存款和债务现象。截至 2002 年初,经过 4 年严重经济衰退,国家和银行已丧失支付手段,根本无法兑付存款,无力偿还巨额美元债务。

正是在这种情况下,杜阿尔德政府决心放弃固定汇率和美元化,实行自由浮动汇率、比索贬值,实行经济全面比索化。

困难重重

由于阿根廷经济的美元化程度已经根深蒂固,绝非一两项决定所能改变。同时,由于牵涉各方面的利益,由此引发的社会动荡也极为严重。政策实行后,阿根廷国内反对贬值,反对将美元存款比索化的抗议示威不断。

为了稳定人心,阿根廷政府在公布的新经济措施中还规定,3 万美元以下的美元存款,如果储户不愿意转换成比索存款,可以换成长期美元化政府债券。

上述措施与原来政府拟定的方案已有很大变化,但远远不能满足广大储户兑现美元的要求,同时,与最高法院关于冻结银行存款的法令法规"违宪"的裁决也有很多矛盾之处。一些宪法学家已正式向联邦法院投诉,指控杜阿尔德总统违宪。由此,可以看出莱尼科夫推动比索化进程,困难重重。

被迫辞职

莱尼科夫仅仅担任了三个多月的经济部长就辞职了,成为一年之内被金融危机"吞噬"的第五位经济部长。

莱尼科夫辞职是因为他制订了一个试图支撑起阿根廷金融体系的计划,但却无法为这一计划争取到足够的政治支持。此外,他也没能赢得国际社会对阿根廷提供经济援助的承诺。

为了制止银行存款大量流失,阿根廷经济部在 2002 年 4 月 22 日向参议院提交了一项新议案,内容是用政府债券代替目前被冻结的银行存款。议案一经提出便遭到各界人士的强烈反对,参议院也决定休会,拒绝对新议案进行审议。当晚,阿根廷首都布宜诺斯艾利斯及国内其他一些地方的民众举行了抗议活动,反对这个新方案。在这种情况下,莱尼科夫递交了辞呈。

莱尼科夫是存款转债券方案的设计者,该方案意在制止阿根廷现代史上最严重的危机。但是,却遭到国会和社会各界的强烈反对。加上由于莱尼科夫在与国际货币基金组织 IMF 的谈判中空手而归,他还遭到执政的庇隆党派的猛烈批评,因而被迫辞职。

自由派经济学家罗伯托·拉瓦尼亚

罗伯托·拉瓦尼亚

前任经济部长莱尼科夫辞职后,阿根廷总统杜阿尔德任命自由派经济学家罗伯托·拉瓦尼亚为新的经济部长。

拉瓦尼亚任职时 60 岁,是一位自由派经济学家和国际贸易问题专家,曾担任阿根廷驻联合国有关组织及多边金融机构的代表,还担任过政府工业和贸易国务秘书,当时任阿根廷驻欧盟和世界贸易组织代表。

作为一年中第六位上台的经济部长,正是阿根廷金融危机最严重之时。拉瓦尼亚面临着极为艰巨的任务:帮助杜阿尔德总统把这个拉美第三大经济强国从货币贬值、拖欠债款、流血抗议和总统辞职的混乱局面中拯救出来。

阿根廷政府制订的经济复苏计划是以取得外援为基础的,但是同国际货币基金组织的谈判进行得很不顺利。罗伯托·拉瓦尼亚频频外出斡旋,但是经过长达十个月的拉锯式谈判,阿根廷仍未能与国际货币基金组织达成协议,只好宣布拒绝偿还世界银行的债务。拉瓦尼亚说:从现在到本届政府结束期间,我们到期的还款额将耗尽阿根廷 100% 的外汇储备,除非有新的援助。

尽管阿根廷的情况一步步恶化,世界银行宣布,在阿根廷对还款作出实质性努力之前拒绝恢复借款。双方的分歧使危机的解决陷入僵局。根本原因在于,双方立场不同,目标不同。阿根廷同国际货币基金组织谈判的目的是缓解债务负担,赢得喘息时间来复苏经济,国际货币基金组织的目的则是保证阿根廷的偿债能力。

基什内尔在2003年就任总统以后继续任用罗伯托·拉瓦尼亚为经济部长,部分扭转了经济形势。经过几年努力,阿根廷债务重组取得成功,走出倒债危机。加之2003~2007年的4年间,部分得益于国际市场农产品等初级产品价格持续攀升,阿根廷国内生产总值(GDP)每年以超过8%的速率增长,贫困人口和失业率分别降至基什内尔当政前的一半以下。阿根廷终于走出金融危机的阴影。

基什内尔总统逐步化解危机

政坛新人

2002年元旦,爱德华多·杜阿尔德临危受命,出任总统,但回天无力,只好在2003年4月提前举行大选。正是在那次大选中,同样来自"正义党"的基什内尔当选总统。

基什内尔是阿根廷政界的新人,他于1950年2月25日出生于阿南部圣克鲁斯省,1976年毕业于拉普拉塔国立大学法律专业,其夫人克里斯汀娜·费尔南德斯是阿根廷国会议员。在当选总统前,基什内尔已三次当选圣克鲁斯省省长。

值得注意的是,在参加大选之前,基什内尔只不过是一个人口只有20万人的南方小省的省长,毫无治国经验。他

基什内尔

能够上台执政,得益于梅内姆在第二轮选举中自动退出。但是,基什内尔在圣克鲁斯省连续担任了12年省长的经历以及领导该省成功地免于危机影响的才能,可以证明他已拥有了作为一名优秀政治家的素质。

基什内尔的当选没有经过第二轮投票,在第一轮中他的民众支持率已经遥遥领先于梅内姆。在历经磨难的阿根廷,人们逐渐对老牌政治家的无能和腐败失去了信心和耐心,迫切需要一位"新人"为他们的国家重新注入活力。基什内尔正是在这种背景下当选总统的。

阿根廷前总统梅内姆宣布退出总统大选

变革思想

在竞选期间，基什内尔就表明了变革的立场。2003 年 5 月 25 日，基什内尔在国会发表了 48 分钟的就职演说，其间共被 49 次掌声所打断。其演说之所以受到如此热烈的欢迎，是因为变革的思想始终贯穿其中。其核心内容包括以下几点：

（1）提出要重建"国家资本主义"，但这并不等同于闭关自守和保护主义。

（2）强调国家的作用，认为国家应为社会不平等负责，保护最弱势的社会群体，使他们享受到教育、医疗和住房。

（3）通过规划和实施各种公共工程来振兴经济，创造就业，改善人民生活。

（4）摒弃借债求发展的模式，不再为还债而付出饥饿、排斥和冲突的沉重代价。

（5）强调财政平衡的重要性，但实现平衡的手段不是借债和发行货币，而是控制支出和增加税收。

（6）要把恢复国内储蓄能力和内部需求作为实现经济持续增长的中心。

（7）提出建立一个稳定、繁荣和团结的拉美作为其对外政策的优先选择。

很显然，这意味着基什内尔政府将对内外政策进行重大的调整，在经济上将逐步脱离新自由主义的发展方向，选择凯恩斯的国家干预主义来挽救阿根廷；在对外关系上将不再一味迎合以美国为首的西方国家的主张。这充分体现出他与前任，特别是梅内姆在治国理念上的不同。

循序渐进

基什内尔政府在经济上取得较大进展的一个重要原因就在于它的经济政策比较稳健和务实。在基什内尔担任总统之前的几个月，阿根廷经济已经出现复苏的迹象。为此，基什内尔留任了原政府的经济部长罗伯托·拉瓦尼亚。同时，为了保持经济的稳定增长，避免出现大起大落，基什内尔政府上台后并没有采取激进变革的做法，而是延续了上届政府的主要经济政策。另外，虽然基什内尔提出放弃新自由主义的发展模式，但是也没有对其全盘否定，而是保留了其中的一些要素，如贸易和金融开放、战略部门的私有化、对外资的优惠待遇等。但是在对经济进行宏观调控的主要手段和方式上，则与梅内姆时期大不相同。基什内尔的策略是采取循序渐进的方式，使国家逐步脱离新自由主义的轨道。

增长模式

在增长模式上,基什内尔政府采取了发展国内生产、扩大内部需求的经济政策,即"生产型的经济模式"。

这种模式之所以能够顺利推行,主要得益于 2002 年开始的货币贬值。在比索贬值的作用下,进口额在 2002 年下降了 50%,刺激了出口外向型工业部门的增长。由于进口减少,商品供应量下降,那些以国内市场为目标的工业企业为满足需求,开始重新进行投资和扩大生产。自 2003 年起,工业制成品的产值连续三年增长,成为经济的主要拉动力之一。货币贬值还降低了国内的生产成本,使商业、旅游业等在这几年中都得到了强劲复苏。

在"生产型的经济模式"中,最值得一提的是建筑业的重要贡献。在就职演说中,基什内尔就曾提出效仿美国在 20 世纪 30 年代的经验,通过发展公共工程来振兴经济,认为国家应该在公共投资上发挥主导作用。事实证明,这一决策确实对整个经济的复苏起到了强有力的拉动作用。2003 年,也就是全国公共工程计划实施的第一年,阿根廷政府在公共工程方面的预算为 17.6 亿比索,2006 年增加到 79 亿比索,增长幅度十分惊人。公共工程计划共涉及六个方面:住房、给排水系统、教育设施、水利工程、道路建设和城市设施。建筑业在这些工程建设的带动下迅速恢复了生机和活力,2003 年和 2004 年的增长率分别达到34.4% 和29.4%。到 2005 年第四季度,建筑业在国内生产总值中的比重已占到6.57%。除了对经济的拉动作用外,公共工程的实施还吸引了上千家大中小企业参与其中,创造了大量就业。到 2005 年年底,建筑业的从业人员达到 32 万人,比 2002 年第三季度增加了 20 万人,成为创造正规就业机会最多的行业之一。

在经济恢复的过程中,需求和消费的增长也起到了至关重要的作用。基什内尔上台后,多次调高公共和私人部门的最低工资和养老金,又在税收和信贷等方面为消费者提供优惠。这些措施在很大程度上增强了消费信心,提高了购买力水平。2003～2005 年私人消费年均增长率达到 8% 以上。据阿根廷经济和生产部的统计,自 2003 年以来,私人消费对经济增长的贡献率达到了 64%。

宏观经济

在宏观经济上,加强国家干预,改变以往完全依靠市场进行调节的局面。基什内尔上台后,确实在宏观经济的调控方面加强了国家的作用,这体现在很多方面,其中在以下三个方面比较突出:

1. 维持原有的货币和外汇政策,加强中央银行的干预和调控作用　基什内尔政府在货币政策上维持了比索对美元的浮动汇率制度,并由中央银行在必要情况下对外汇市场进行干预,避免比索升值。2003～2005 年,阿根廷比索对美元的比价基本稳定,略有贬值。中央银行在货币、外汇和金融等方面的调控作用重新得到了加强。除了发行货币、买卖外汇以外,还为商业银行提供再贴现,并且

放松了对中小企业和消费者的贷款限制。国内储蓄自 2003 年起开始增加,2005
年已经占到国内生产总值的24.2%,带动了信贷的恢复。此外,中央银行还采取
了一些措施鼓励出口。一方面加强了出口信贷的管理,要求出口商严格履行合
同;另一方面颁布法令,授权利用出口收益为国外贷款提供担保。

2. 实施措施保护一些薄弱工业　在经济危机中,阿根廷工业受到很大冲击。
货币贬值后,虽然进口减少,本国工业有所恢复,但是仍有一些产品与进口商品
相比缺乏竞争力。对此,基什内尔政府对那些在价格上竞争不过别国的产品实
施了保护主义措施,其中主要是轻工业品。例如,2005 年政府对洗衣机、鞋类、
玩具、纸张、轮胎等产品实施了进口许可制度。鉴于巴西汽车一半以上销往阿根
廷,基什内尔政府宣布推迟与巴西的汽车自由贸易。

3. 干预生活必需品的价格　比索贬值后,由于货币发行量增大,政府面临着
很大的通货膨胀压力(2005 年年底的消费品价格指数同比增长了 12.4%)。为
此,基什内尔政府除了在货币等宏观政策方面进行调控以外,还试图通过冻结价
格、与相关行业进行谈判、提高出口税、对零售企业施加压力等措施来平抑物价。
其中涉及的商品和服务主要是肉类、日用品和公用事业。受控价措施影响最大
的是肉类生产者和控制着阿根廷大部分公用事业的外国公司。他们对政府干预
价格的行为极为不满,特别是公用事业价格谈判已成为那几年的一个十分棘手
的问题。

2002 年比索贬值后,政府宣布冻结包括水、电、天然气、交通、电信等在内的
所有公用事业的价格,并对其实行比索化,涨价行为必须经过政府批准。这些行
业基本上由欧洲,特别是西班牙和法国的跨国公司所控制。政府与这些企业之
间的谈判进行得非常艰苦。政府坚持价格上涨幅度不能太大,以保护众多消费
者的利益,特别是在阿根廷社会形势严峻的情况下,而且对企业的投资提出了要
求。双方分歧很大,这是公共服务业价格问题迟迟未能解决的主要原因,能源供
应的紧张也与此有很大关系。到 2006 年年中,公共服务业价格谈判终于取得进
展。政府与一些企业达成了协议,规定了具体的涨价幅度、期限和前提条件。大
部分价格的上涨幅度都被控制在 20% 以下,而且是分期进行。

调整与 IMF 关系

梅内姆任期内,对国际货币基金组织等西方国家操纵的国际金融机构基本
上采取言听计从的态度。但基什内尔上台后,逐步调整了与国际货币基金组织
的关系。

2003 年 9 月,阿根廷政府与国际货币基金组织签订了为期三年的债务重组
协议。但在 2004 年 6 月,国际货币基金组织中止了对阿根廷的支持,原因是认
为该国没有根据它的要求进行必要的改革,包括国有银行的私有化、公共服务业
的调价等。另外,双方在货币和财政政策等方面也存在很大分歧。同年 9 月,阿

根廷政府决定不再受制于国际货币基金组织,而是按照自己的方式和步骤实现经济复苏。

2005 年初,基什内尔政府重新启动外债谈判。在这个过程中,国际货币基金组织的态度十分积极,起到了一定的推动作用,双方的关系有所改善。

2006 年 1 月,基什内尔不惜动用国际储备,偿清了拖欠国际货币基金组织的所有债务。之所以急于还清欠债,阿根廷政府的意图十分明确:尽快摆脱国际货币基金组织在经济政策上的限制、约束和压力,拥有更大的自主权。

在这个过程中可以看出基什内尔政府对国际货币基金组织采取的是一种比较务实的态度,既有合作,又不一味迎合。一方面,阿根廷的经济增长需要投资和出口的保障,而这些都离不开西方国家的支持;但另一方面,基什内尔政府又不愿在经济决策上受到过多干扰和限制。

财政政策

在财政政策方面,基什内尔政府并没有按国际货币基金组织的要求,通过实行财政紧缩达到盈余的目标,而是采取“大收大支”的策略,即同时扩大财政收入和支出。为扭转税收下降、财政困难的局面,基什内尔政府上台后采取了多项措施,包括增加税种,增加工资刺激消费,推动生产和市场的复苏,扩大增值税和所得税,严厉打击偷漏税等。2003 ~ 2005 年,作为政府最主要收入来源的税收收入分别增加了 50.6%、36% 和 21.3%,包括增值税、所得税、金融转移税和出口税在内的所有税种都保持了较高的增长率。其中后两种税是 2002 年政府为增收而实行的“临时税”,2004 年占政府财政收入的 17%。根据阿根廷政府与国际货币基金组织签订的协议,这两种税应在 2005 年 8 月被取消。但鉴于这两种税对政府收入的巨大贡献,尤其是出口税对稳定国内市场价格的重要作用,基什内尔政府继续征收这两种税。

在财政支出方面,虽然也保持着较高的增长率,但增长率不及财政收入的增长率,因此基什内尔政府得以保持财政收支的平衡,并有所盈余。2003 ~ 2005 年,阿根廷政府的初级财政盈余占国内生产总值的比重分别达到 2.1%、3.2% 和 2.4%。

债务谈判

债务谈判取得重大进展,基什内尔在任期内的一个最大成就莫过于“债务互换计划”的成功。

2002 年,阿根廷的公共债务已占到国内生产总值的 145.9%。自基什内尔上台后,一直在为实现债务重组而努力。但是由于阿根廷政府与国际债权人的分歧较大,债务谈判进行得十分艰苦。

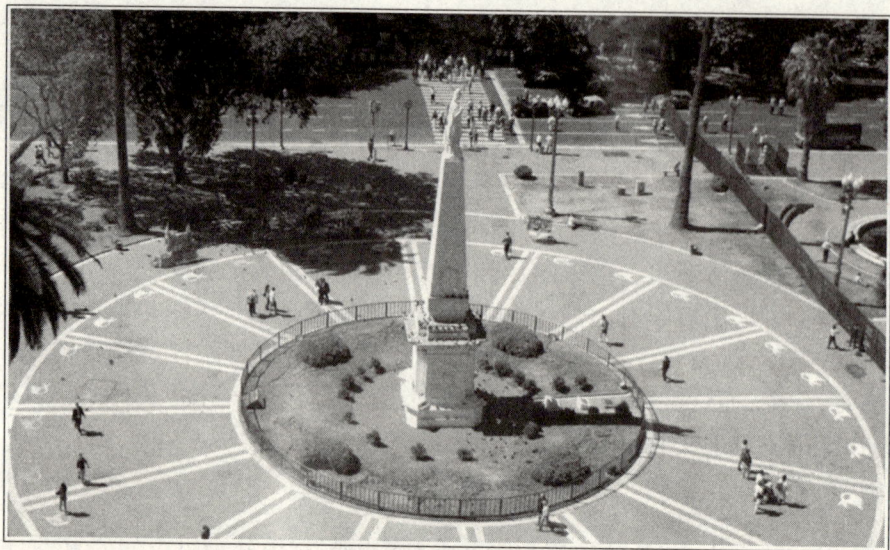

阿根廷终于走出危机

2005年3月,债务重组计划终于取得重大进展,76%的旧债被转化为新的债务,总额达620亿美元。虽然外债占国内生产总值的比重仍然较高,但债务互换计划延长了阿根廷外债的偿还期限,提高了比索债务的比重,并且极大地减轻了利息负担。

在债务谈判的过程中,阿根廷政府采取的策略比较得当,既坚持原则,又有妥协和让步,最终促成了久拖未决的债务重组计划的基本成功。

走出危机

2003年是基什内尔上台执政的第一年。也正是从这一年开始,阿根廷经济在经历了连续四年的下滑之后,重新进入增长期。尽管衰退后的首次增长完全属于恢复性增长,但是自20世纪90年代后半期以来,8.8%的增长率不仅在阿根廷,而且在整个拉美地区也是少有的。在接下来的两年中,阿根廷经济继续以9%和9.2%的速度增长,大大超出了拉美的平均增长水平。到2005年,在实现了连续三年的高速增长之后,阿根廷经济恢复到1998年的水平。这标志着阿根廷在宏观经济上已经基本摆脱了危机的影响。

参 考 文 献

1. 况杰主编. 决胜金融危机:揭秘危机真相、看懂中国经济. 北京:工人出版社,2009

2. [德]波得·马丁,布鲁诺·霍尔纳格著. 王音浩译. 资本战争:金钱游戏与投机泡沫的历史. 天津:天津教育出版社, 2008

3. 江时学、高川主编. 2006～2007 年:拉丁美洲和加勒比发展报告 No.6 拉美左派东山再起. 北京:社会科学文献出版社,2007

4. 王先庆编著. 金融狂飚——东南亚金融危机实录. 广州:广东经济出版社,1998

5. 江时学主编. 阿根廷危机反思. 北京:社会科学文献出版社,2004

6. 李永胜、马飞著. 索罗斯和全球金融危机. 沈阳:辽宁人民出版社,1998

7. 裴桂芬、马文秀等著. 国际金融动荡研究. 北京:人民出版社,2003

8. 韩文高主编. 世纪末金融风暴. 北京:经济日报出版社, 2001

9. 陈岩著. 国家金融战略. 北京:经济管理出版社,2004

10. 布莱恩·克特尔著. 刘利等译. 金融经济学. 北京:中国金融出版社,2004